SOMMAIRE

PROLOGUE : NAISSANCE D'UN AGENT DE VOYAGES

Je m'appelle Julie, je suis agent de voyages depuis dix ans.

Arrive une époque, vers la fin de la terminale, au lycée, où l'on vous demande ce que vous voulez faire de votre vie future. Il vous faut trouver un métier et les études qui vont avec... pour préparer votre vie d'adulte. Déjà ?

Comme beaucoup d'autres, je n'avais pour ma part aucune idée des études que je voulais poursuivre. Aussi, avant d'obtenir mon sacre de bachelière de l'an 2000, je m'étais inscrite à la fac d'espagnol et à la fac de philo, des matières dans lesquelles j'avais l'habitude d'avoir quelques bons résultats. Ainsi qu'à l'École pratique du tourisme, l'EPT-IFAV de Paris.

À peine les résultats du bac publiés, c'est là que je me présentai en premier, pour des examens de sélection qui avaient l'air des plus sévères : certains candidats présents essayaient d'intégrer l'école depuis deux, trois ans... Je découvris en plus que j'étais la plus jeune, les autres sortant de BTS ou étant en reconversion professionnelle...

À l'issue d'une journée de tests et d'entretiens, je fus reçue. J'avoue que je ne sais toujours pas trop comment car, avec le recul, je n'étais de toute évidence pas mûre à l'époque. Je n'avais pas la culture du voyage, très peu de connaissances géographiques et même, je n'avais jamais pris l'avion ! Mes parents et moi voyagions peu. Chaque été, nous partions bien en vacances aux quatre coins de la France, mais je n'avais jamais pris ne serait-ce que le TGV. Mon éducation s'était principalement construite en parcourant l'Hexagone dans la Ford Sierra de mon papa, et aujourd'hui encore, je suis l'une des rares personnes de mon entourage à si bien connaître notre pays et les nombreuses régions qui le composent.

Ce qui me réjouissait le plus était que la formation débutait fin août et ne durait que huit mois : j'allais donc rapidement commencer ma nouvelle vie de salariée. À moi les bulletins de paie, l'autonomie financière et finies les études, youpi ! Qui plus est, l'école assurait presque à coup sûr de trouver un emploi à la sortie, les agences de voyages se pressant aux portes de l'EPT pour recruter.

Le premier jour, on nous mit en garde : « Attention, ici, c'est le tourisme. Vous ne gagnerez jamais bien votre vie dans ce métier, aussi, pour ceux qui veulent devenir riches, il est encore temps de quitter la formation. » Ces mots, suivis d'une minute de silence, laissaient à penser que le professeur était sérieux et que, véritablement, il nous donnait le choix de partir ou de continuer. Sur le moment, je crois que cela me laissa indifférente. Je me disais qu'il y avait aussi, forcément, des gens qui vivaient très bien de ce métier, même si c'était peut-être une minorité. Qu'à cela ne tienne, j'ouvrirais peut-être ma propre agence de voyages, si un jour je m'estimais sous-payée, j'arriverais toujours à sortir du lot ! Et puis, c'était un peu comme si l'on me parlait déjà de ma retraite. Ce sont des problèmes pour plus tard, d'adultes, de vieux ! On verrait bien. Comme tout étudiant qui arrive en école de tourisme, je me voyais aussi chef de produit. Chef de produit, c'est un peu l'aboutissement du rêveur. C'est le poste où l'on est en charge de fabriquer des voyages et de les monter pour les vendre clefs en main. Il s'agit de parcourir le monde afin de trouver les plus beaux endroits, les meilleurs prestataires, les plus beaux hôtels, pour charmer les futurs clients... En bref, si je devais gagner peu, c'était pour exercer un métier de rêve, alors cela ne me dérangeait pas vraiment... J'y croyais !

Dès le deuxième jour, nous entrâmes dans le vif du sujet en faisant connaissance avec Amadeus. Amadeus, c'est le « Sésame, ouvre-toi » de l'agent de voyages. Un formidable logiciel de réservations pour tout ce qui touche à la billetterie « sèche » : les billets de train, les billets d'avion, sans autre prestation. Relié directement à Socrate (le génial système de réservation de la SNCF) et à BSP, une sorte de banque travaillant pour les compagnies aériennes IATA. On nous apprit aussi ce qu'est IATA : une association de compagnies aériennes gérant entre autres les bonnes pratiques en matière de sécurité. Un label de qualité, pour ainsi dire, permettant aussi un système d'échange de billetterie entre les compagnies aériennes... Tous ces noms un peu barbares... en résumé, tout ce qui concernait les compagnies aériennes. C'est comme tout, Amadeus, ça s'apprend, mais à première vue il y a de quoi prendre peur ! Des monceaux de codifications à connaître, des combinaisons de codes à mettre les unes à la suite des autres... Très indigeste !

Voilà par exemple à quoi ressemble un affichage des disponibilités sur un vol Paris-Marseille le 20 septembre :

```
ANAF20SEPPARMRS
** AIR FRANCE - AN ** MRS MARSEILLE.FR                          12 MO 20SEP
0000
1    6002  9 9 9 9 9 9 9 /ORY W MRS 4  0630     0745  E0/319
1:15
           9 9 9 9 9 9 R
2    6004  9 9 9 9 9 9 9 /ORY W MRS 4  0700     0815  E0/320
1:15
           9 9 9 9 9 9 R
3    7660  9 9 9 9 9 9 9 /CDG2F MRS 4  0715     0840  E0/319
1:25
           9 9 9 9 9 9 R
4    6006  9 9 9 9 9 9 9 /ORY W MRS 4  0730     0845  E0/320
1:15
           9 9 9 9 9 9 R
5    6010  9 9 9 9 9 9 9 /ORY W MRS 4  0830     0945  E0/320
1:15
           9 9 9 9 9 9 9 R
6    6012  9 9 9 9 9 9 9 /ORY W MRS 4  0900     1015  E0/319
1:15
           9 9 9 9 9 9 9 9 R
```

Déroutant, n'est-ce pas ?

Je pensais que je ne pourrais jamais assimiler le fonctionnement de ce logiciel. Malgré tout, je finis par intégrer ces nouvelles connaissances, me familiarisai avec Amadeus, Socrate et tous leurs amis (locations de voiture, réservations d'hôtel...). J'en garde une certaine fierté, car tout le monde n'y parvient pas. J'ai vu des gens quitter la formation en cours d'année, le directeur estimant leur niveau trop faible.

Je reconnais que l'École pratique du tourisme est plutôt une bonne formation. Je ne m'y plaisais pas franchement alors, mais huit mois furent vite passés et je me forgeai une toute nouvelle culture générale sur de nombreux pays que j'étais désormais capable de situer, je mémorisai des dizaines de codes d'aéroports et... je pris l'avion pour la première fois ! Le fait de baigner dans ce monde où l'on parle constamment de voyages et de contrées lointaines développait une certaine habitude, une certaine normalité dans le fait de se déplacer. Tous les pays qui me semblaient lointains et inaccessibles commençaient à m'apparaître comme une sorte de banque de la culture, attisant ma curiosité, et faisant du voyage un acte banal. Je me mis à prendre l'avion pour aller voir mon petit ami de l'époque à Marseille le week-end et à voyager.

Petit à petit, j'entrai dans ce monde qui me devenait de plus en plus familier et dans lequel j'avais hâte de trouver ma place. En s'ouvrant à d'autres cultures, à d'autres langues, à d'autres paysages, on découvre vite des valeurs de tolérance et de partage auxquelles on ne pensait pas forcément avant.

J'étais tout bonnement en train de devenir « agent de voyages ». Qu'allais-je faire à la sortie de l'école ? Travailler dans une agence de voyages ?

Oui. Mais ce n'était pas la seule option. J'avais découvert qu'il existait plusieurs autres métiers liés au tourisme auxquels je pouvais prétendre. Je pouvais rejoindre une belle agence de voyages, bien sûr, avec une belle vitrine sur la rue, mais aussi un tour-opérateur, un plateau d'affaires… Nous parlerons de ces différents secteurs et de ce qui les caractérise. Je ne savais pas encore très clairement ce que je voulais faire ; à vrai dire, ce qui m'intéressait surtout, tant j'aspirais à mon indépendance, c'était de décrocher un job ! Peu m'importait où, du moment que je travaillais.

ÇA Y EST, JE SUIS EMBAUCHÉE !

Mai 2001, j'ai vingt ans, je sors de l'école et mon stage de fin d'études s'est transformé en CDD de six mois dans une belle agence de voyages, avec la fameuse belle vitrine sur rue, de belles brochures sur des présentoirs, de beaux bureaux et de belles plantes vertes... bref, une agence de voyages telle que j'en rêvais. Je reçois avec fierté mon premier bulletin de salaire, qui doit à l'époque s'élever à environ 5 700 francs ! Incroyable, une telle somme, pour seulement un mois de travail ! C'est si rapidement et si facilement gagné ! Je vais devenir riche (ils nous ont raconté n'importe quoi, au premier jour de la formation, on peut très bien vivre avec un « bas salaire » s'il revient tous les mois ! Deux mois de travail, deux salaires, trois mois de travail, trois salaires...). Cinq mille sept cents francs, je n'avais jamais eu autant d'argent. J'en faisais des projets !...

En plus, je ne fais que m'amuser ! Les clients entrent dans l'agence, sortent. Ils veulent acheter soit des vols secs, soit des séjours sur brochures, je leur explique, je leur montre des photos, je vends, ils payent, j'ai l'impression de jouer à la marchande. C'est sympa de vendre du voyage. Les gens sont détendus, c'est plutôt simple de les faire rêver, car ces fameuses brochures sont bien faites, remplies de séjours de rêve et de beaux hôtels, mis en valeur par des photos séduisantes.

Chacune de ces fameuses brochures est éditée par un tour-opérateur. Le tour-opérateur, voyagiste en français académique, est plutôt appelé « TO » en langage « agent de voyages ». Travailler chez un TO est aussi une possibilité quand on sort de l'École pratique du tourisme. Les TO fabriquent des voyages qu'ils revendent, soit en direct, eux-mêmes, *via* des centrales d'appels, soit *via* les agences de voyages comme celle où je travaille, grâce aux beaux catalogues. Toutes les brochures qui trônent sur les présentoirs que vous trouvez dans les agences proviennent donc de TO. Elles présentent des voyages « tout compris », appelés « packages » en langage agent. Quand on achète un package dans une brochure, on achète un voyage clefs en main comprenant les vols + le ou les hôtels + les transferts aéroport-hôtel-aéroport et la demi-pension ou la pension complète, selon la formule choisie par le client.

Chaque TO est représenté par un commercial dont le travail consiste à promouvoir les packages et les différentes formules proposées par le TO qui l'emploie. J'aime beaucoup quand les commerciaux passent nous rendre visite à l'agence. J'ai pris l'habitude de voir défiler M. Fram, M. Accor, Mme Jet Tours... Ils viennent régulièrement nous dire bonjour, nous parler de la nouvelle brochure... C'est bien entendu une façon de nous pousser à vendre leurs produits, mais cette relation commerciale est bien installée. Elle est conviviale, voire amicale. Et, bien vite, on s'aperçoit que les agences de voyages sont un petit monde. Avec son nouveau catalogue, le commercial rapporte tous les ragots : il a vu Untel, qui connaît Untel, qui a dit à Unetelle que Machin était allé aux Seychelles pendant ses vacances... Tout se sait, tout le monde se connaît ou connaît quelqu'un qui connaît quelqu'un...

À mon arrivée à l'agence, les commerciaux ne s'adressaient pas franchement à moi, je ne faisais pas encore partie du petit monde des agences. Ils connaissaient déjà toutes mes collègues, se faisaient la bise depuis de nombreuses années...

J'avoue que j'avais hâte d'être moi aussi reconnue et de prendre part aux conversations sur leurs dernières vacances ou leurs derniers voyages d'étude ! Le tourisme, c'est vraiment cool, me disais-je, tout le monde se tutoie, tout le monde se connaît, quelle chance d'avoir un métier si cool !

L'autre bonne surprise de mon premier job (en plus de ce salaire incroyable, et qui tombait tous les mois !), c'était que mon premier patron était une crème. Cet homme était tout simplement adorable. Il me pardonnait les écarts dus à mon âge, s'amusait que je sois surprise par ce que j'apprenais chaque jour. Et bien sûr, c'est lui qui me donnait ma première chance. Aujourd'hui encore, j'y repense avec beaucoup d'affection.

Un samedi matin, alors que je ne travaillais pas, il m'appela sur mon téléphone portable et me demanda si je voulais partir en Turquie, visiter un hôtel qui venait d'ouvrir ! Mon premier voyage d'étude, wouah ! Après seulement un petit premier mois de CDD ? Si je commençais déjà à faire des voyages d'étude (on dit « éductour » en langage agent de voyages), cela voulait peut-être dire que par la suite j'en ferais vraiment beaucoup ! À peine arrivée dans le métier, je partais déjà en voyage ! Petit détail : il me fallait un passeport. Croyez-le ou non, jusqu'alors je n'en avais jamais eu. Avec cette vie palpitante qui s'ouvrait pour moi, il m'en fallait un d'urgence ! Novice, je demandai à mon patron si je partais seule ou si je pouvais emmener quelqu'un, ce qui dut probablement l'amuser. Bien entendu, quand on est invité en éductour, on part avec d'autres agents de voyages, qui viennent d'autres agences. Pas question donc d'emmener vos proches, il s'agit d'un voyage professionnel.

La plupart du temps, vous êtes invité par un TO qui veut vous faire connaître le dernier hôtel sorti dans sa brochure, ou par une compagnie aérienne qui veut vous présenter son nouvel aérogare ou ses nouveaux sièges classe affaires... Un job de rêve, je vous dis !

D'ailleurs, tout le monde m'enviait. Mes amis qui poursuivaient leurs études, mes parents qui n'avaient que peu voyagé, ma sœur à qui tous ces pays paraissaient si lointains, mes anciens profs de lycée qui voulaient mes coordonnées...

Je commençai alors à avoir quelques scrupules. Un voyage d'étude en Turquie, alors que je venais d'arriver, était-ce bien juste par rapport aux « anciennes » ?

J'en parlai timidement et... surprise, personne ne m'en voulait, pas de jalousie, rien. Au contraire, aucune de mes collègues ne semblait vouloir y aller ! Incroyable !

Comment ne pas rêver de passer trois jours en Turquie, tous frais payés, avec un programme formidable : dîners dans des grands restaurants, visite de sites archéologiques, soirées en boîtes de nuit…). Toutes se mirent alors à évoquer leurs plus beaux souvenirs d'éductour : les Seychelles, l'Indonésie… et je compris que la Turquie pouvait leur paraître une destination assez banale. Pouvait-on un jour être blasé de voyager ?

Quelque temps après, on me proposa un autre voyage, un aller-retour cette fois, en Tunisie : départ le matin et retour le soir même. Fatigant, c'est vrai, mais n'était-ce pas tellement mieux qu'une journée en agence ? Peu de gens avaient la chance, dans le cadre de leur travail, de pouvoir s'envoler jusque sous le soleil de Tunisie pour déjeuner et faire du voilier ! Je me sentais alors réellement privilégiée.

Toutefois, quand un bel éductour de cinq jours à l'île Maurice arriva à l'agence, on ne me demanda pas si je voulais m'y rendre. Je venais d'en enchaîner deux et les long-courriers étaient plutôt réservés aux anciens. Je trouvais cela normal et ne faisais pas grise mine, mais la suite me surprit…

Répondre à cette proposition semblait être un peu une corvée et des discussions s'amorcèrent pour savoir qui allait y aller… « Bah non ! vas-y toi, moi j'ai les enfants », « Bah non ! je ne peux pas moi, j'ai un mariage ce week-end-là »… Ainsi, finalement, il semblait qu'après quelque temps passé dans ce métier, les problèmes d'organisation reprenaient le pas sur l'enthousiasme que procuraient les voyages.

Au terme de mon CDD de six mois, les attentats du 11-Septembre eurent raison de mon premier job, qui pour des raisons économiques ne fut pas transformé en CDI comme il en avait été question. J'en fus déçue, mais pas outre mesure, car j'avais trouvé un autre poste, non loin de là, à une dizaine de kilomètres, dans l'agence concurrente et en CDI cette fois-ci (qui plus est, toujours pas très loin de chez moi). À l'époque, le marché de l'emploi était propice aux embauches, et il n'était pas très compliqué de trouver une place. Peu de gens étaient qualifiés dans ce secteur, notamment techniquement, sur le logiciel Amadeus. Sortant d'une bonne formation, on pouvait donc se permettre de choisir son employeur.

Je restai dans ma nouvelle agence pendant un an et la quittai juste avant que le patron ne soit mis en examen pour détournement de fonds. J'en garde pour ma part un souvenir très positif, je m'y sentais bien, j'aimais mes collègues, mon travail, et j'avais refait deux éductours au cours de cette année-là. Mais mon amoureux de l'époque m'avait demandé de le suivre à Lyon et je quittai alors la région parisienne.

Et c'est là que les choses sérieuses commencèrent.

Je trouvai du travail sur un plateau d'affaires. Là, il ne s'agit plus de tourisme et de jolis catalogues, mais de déplacements professionnels de quelques hommes d'affaires travaillant pour des sociétés en compte chez nous. Et j'étais arrivée chez LE géant du secteur du voyage d'affaires. Une grosse machine ! Je découvris le vrai monde de l'entreprise. Cette société avait des bureaux partout en France, à l'étranger, nous avions des DRH, des délégués syndicaux, un CE... C'était très différent d'une petite agence de voyages locale dans laquelle on avait une dizaine de collègues au maximum. Je trouvai au début que ce nouveau job était difficile et pas *fun* du tout. D'emblée, ce nom de « plateau d'affaires » laisse deviner que les tâches seront beaucoup moins drôles... bien que l'on ait aussi quelques avantages, tels que les horaires, un plateau d'affaires étant rarement ouvert le samedi, ou un CE, qui nous offre des chèques cadeaux et des chèques cinéma...

À ce nouveau poste, j'avais un casque et un micro, et mon travail consistait à répondre au téléphone. Au bout du fil, des hommes d'affaires pressés ou leurs secrétaires. Ils me donnaient leurs instructions : il leur faut un billet d'avion, un hôtel, une voiture de location pour se rendre à un congrès annuel ou à un salon. Et moi, à l'autre bout du téléphone, j'effectuais toutes les réservations dont ils avaient besoin. Cela a l'air moins drôle, n'est-ce pas ? Mais au bout du compte, je m'y adaptais bien. L'homme d'affaires a cet avantage de savoir ce qu'il veut. Les transactions sont rapides et quand j'avais fait mes heures, je rentrais rarement chez moi en repensant au travail. Le fait de ne plus avoir en face de moi la clientèle est aussi finalement un grand confort de travail, et vous comprendrez pourquoi quand je vous aurai présenté certains de nos clients.

Pour l'heure, j'avais donc atterri chez ce gros du secteur et allais y rester trois ans. Hélas, si la société était supposée être solide, j'y connus pourtant un plan social, en 2005. Ceci coïncida avec une rupture sentimentale très importante dans ma vie personnelle, aussi en profitai-je pour quitter Lyon, en demandant ma mutation interne sur un autre point de vente, en Savoie.

En 2006, je m'intégrai très bien au sein de cette nouvelle équipe, ce petit plateau d'affaires était attachant. Mes collègues était géniales, mon patron rigolo... Pourtant, j'avais le sentiment d'avoir « fait le tour » du voyage professionnel.

Déjà quatre ans que j'étais dans cette société et j'avais l'impression de stagner. Pas la moindre augmentation depuis que j'y étais entrée en 2002. Pas d'évolution, un travail répétitif... et en plateau d'affaires, on fait aussi une croix sur les éductours (ne vendant plus de voyages sur brochure, vous n'êtes bien entendu plus invité par les commerciaux des tour-opérateurs).

Tout ceci me décida finalement à aller travailler chez un TO qui fabriquait des voyages sportifs, avec pour toile de fond la montagne et la randonnée. Tout ce que j'aime et défends, surtout depuis que j'habite en Savoie. J'entrai au service aérien, dans lequel je devais rester un an. Une année entière, une très longue année. Pour la première fois, je découvris qu'au travail, les choses pouvaient aussi mal se passer. L'entreprise avait selon moi de gros problèmes de management, et je ne parvenais pas à m'y intégrer. Je venais du voyage d'affaires, rigide et régi par trop de procédures. Ici, je n'arrivais pas à trouver ma place. Tout m'y paraissait trop « cool ». Les problèmes d'ambiance m'affectant beaucoup, je décidai de chercher ailleurs et, n'en pouvant plus, je réussis finalement à partir, en 2007. Pour moi, ce ne fut pas une démission, mais une délivrance ! J'intégrai le service « groupes » d'une agence de voyages plus traditionnelle... telle que celle que j'avais connue en début de carrière, et qui me manquait. J'avais l'espoir de retrouver l'entrain et la motivation des premiers temps, et ce fut le cas, les premiers mois tout du moins. Mais je n'avais plus l'habitude du tourisme et de la clientèle « loisirs ». Si mon patron était plutôt sympa, il était aussi complètement mégalo et je me fatiguai très vite de ce poste. Une fois de plus, j'avais le sentiment d'être mal tombée.

Je me dis au final que le voyage d'affaires, ce n'était pas si mal, que c'était même bien confortable et que je faisais bien ce travail, alors j'y retournai, en 2008. J'y retrouvai avec soulagement mes anciennes collègues et mon patron rigolo (pas seulement, mais c'est cet aspect-là qui, globalement, en faisait quelqu'un de sympathique). Et je réalisai que ce qui m'apparaissait plus pesant à mes débuts était devenu mon vrai métier.

Aujourd'hui, je suis davantage agent de voyages d'affaires qu'agent de voyages tout court. J'aurais bien du mal désormais à ouvrir une brochure. Voilà comment on se fait surprendre, comment notre vie professionnelle peut prendre une tournure inattendue. Durant toutes ces années, en plus de mon travail en entreprise, j'ai aussi donné, quelques heures par mois, des cours sur Amadeus dans une école de tourisme – car je suis devenue très calée sur le sujet ! J'ai même passé mon BTS tourisme, car l'École pratique du tourisme proposait à mon époque une très bonne formation, reconnue sur le marché du travail, mais non diplômante. Depuis 2008, elle est validée par un titre enregistré au niveau III (c'est-à-dire bac + 2) au répertoire national des certifications professionnelles.

Voici donc un aperçu de mon parcours professionnel. Une part de choix délibérés et une suite d'événements imprévus l'ont rempli.

Aujourd'hui l'enthousiasme des premiers jours à jouer à la marchande, la séduction des premiers éductours sont passés, et mon regard sur mon métier s'est approfondi... Un vrai métier, qui demande de l'investissement, mais qu'il est bon de ne pas trop idéaliser. La réalité au quotidien des plateaux d'affaires, des clients, des voyages d'étude, la personnalité des patrons, les conditions de travail... Tout cela vous reste encore à découvrir. Bon voyage !

VOYAGISTE, LE MÉTIER DONT TOUT LE MONDE RÊVE !

La plupart des gens pensent que les métiers du tourisme sont des métiers glamour, tranquilles ou amusants. Disons-le une fois pour toutes : le métier d'agent de voyages est plutôt agréable au demeurant, c'est vrai, mais il n'est ni plus facile, ni plus léger, ni plus frivole qu'un autre.

« Les agents de voyages sont tout le temps en voyage »

On fantasme souvent sur les voyages professionnels dont bénéficieraient en permanence les agents de voyage. Il est temps de vous préciser comment se déroule vraiment un éductour.

Officiellement, le voyage d'étude part d'un principe connu : on ne vend bien que ce que l'on connaît bien. Pour vous aider à vanter ses prestations, un tour-opérateur vous invite à venir visiter des hôtels, à participer à une excursion... Et à votre retour, en principe, sous le charme de cette balade, vous en parlerez au mieux à vos clients. Mais bien sûr, tous les invités ne les conçoivent pas de la même manière... Pour certains (pas tous !), un éductour est un peu une colonie de vacances pour salariés des agences... ou l'occasion de petites coucheries entre collègues, eh oui, cela existe aussi !

Dans les éductours, on trouve les confrères râleurs. Ceux qui, non content d'être en voyage tous frais payés, passent leur temps à critiquer, à râler pour un oui ou pour un non. Tout y passe ! Les restaurants : pas assez comme ci ou trop comme ça... Le programme de l'éductour : pas assez de temps libre et trop de visites d'hôtels (on a dit « voyage d'étude », pas « vacances » !)... Les collègues, regardés avec suspicion : « Elle vient de quelle agence, celle-là ? »... Et les hôtels, bien sûr : « Ah non, mais celui-là, je ne le vendrai jamais, la piscine est minuscule »... Trop de soleil, trop chaud, trop froid, trop de clim, trop de sable...

En éductour, on voit aussi les « jet-setteurs » ! Ceux qui ne regagnent pas tout de suite leur chambre la nuit venue et préfèrent s'attarder dans le night-club de l'hôtel qui nous reçoit, ou tester l'alcool local dans les différents bars de la ville... en se moquant de leurs collègues couche-tôt.

Il y aussi les bons élèves, ceux qui prennent des centaines de notes, des centaines de photos et posent des tas de questions. Il est amusant de constater que ceux-là ne feront pas toujours pour autant un beau rapport détaillé à leur patron à leur retour. Cela part d'une bonne intention, nous sommes en service commandé, après tout, mais trop d'implication tue l'implication, les Superman du professionnalisme, on n'y croit plus, à la fin !

Au terme de l'éductour, devant les tapis de bagages à l'aéroport, on s'échange mails, adresses, numéros de portable, on se fait des milliards de bises et on promet de se revoir bien vite à la prochaine soirée de présentation de brochure organisée par un TO. Il s'agit de soirées ponctuelles où l'on nous invite pour saluer la parution du nouveau catalogue, autour d'un dîner, d'un spectacle... À chaque nouveau voyage d'étude, on élargit son réseau, on entre un peu plus dans le cercle où tout le monde se connaît, reconnaît tout le monde. Et cela fait tellement chic, au voyage suivant, de reconnaître deux ou trois invités !

En réalité, ces propositions de voyages professionnels ne sont pas aussi régulières et fréquentes qu'on peut le penser. Elles varient beaucoup d'une agence à une autre, en fonction également de la ville où l'on se trouve. Certains ne feront qu'un éductour, d'autres iront jusqu'à quatre, mais il est rarissime que ce soit plus. Quand on bénéficie de deux ou trois voyages dans l'année, en moyenne, on est plutôt gâté. Tout est fonction de vos rapports avec le commercial, des ventes réalisées sur sa brochure, des partenariats négociés par votre agence, des relations qu'on peut avoir avec le réseau de franchisés pour lequel vous travaillez, des challenges mis en place par les TO, le mois Fram chez Selectour, par exemple, ou une opération spéciale chez Thomas Cook... Néanmoins, cela reste toujours un peu une récompense, et si le patron est sympa, ce seront des jours « offerts » par l'entreprise. Nous n'avons pas en général à les prendre sur nos congés payés, car on estime que ces virées participent de la formation. J'ai eu de la chance, car cela a toujours été mon cas. Certains agents ne prennent jamais part aux voyages d'étude car leur direction retient sur leurs congés payés les journées qu'ils passent à aller visiter des hôtels avec des inconnus ! Même si les inconnus en question sont des collègues et que les éductours sont souvent de bons moments, cela reste des voyages professionnels. Moi non plus, je ne voudrais pas sacrifier mon temps de vacances, même si le voyage m'est offert. Je préfère assurément profiter de mes tarifs « agent de voyage », ou pas, pour prendre des vacances bien à moi avec mon mari !

« Les agents de voyages ne payent pas leurs vacances ! »

À ce propos, qu'en est-il de ces fameux tarifs agent de voyages ? On en a beaucoup entendu parler, mais ils sont clairement en train de devenir une espèce en voie de disparition, voire une légende du métier.

C'est ainsi que l'on peut passer vingt ans à vendre des billets d'avion et demander un jour un billet gratuit pour faire Lyon-Bordeaux, pour découvrir que là, attention, il y a une procédure. Et une procédure assez lourde, croyez-moi. Demander un billet d'avion à une grande compagnie aérienne n'est pas une mince affaire.

Tout d'abord, il faut s'inscrire sur son site Internet dédié aux agences ; ensuite, demander à sa hiérarchie d'ouvrir un accès au formulaire de demande en ligne (en comptant le petit délai d'usage) ; ceci fait, remplir le formulaire ; après cela, le renvoyer à sa hiérarchie qui soumet cette demande à la compagnie ; enfin, fournir un bulletin de salaire et un numéro de carte bleue... Ce n'est qu'après avoir fait tout cela que vous obtenez la réponse vous disant si oui ou non, on vous offre une réduction, et à quel tarif, et pour un billet ni modifiable ni remboursable. Après signature du formulaire, il vous faudra à nouveau le faire signer à votre hiérarchie... Il est à souhaiter qu'à ce stade, vous n'ayez pas oublié de faire valider vos congés par celle-ci ! En résumé, un véritable parcours du combattant et le plus souvent pour ce qu'on appelle un « AD75 », soit 75 % de réduction sur le tarif le plus élevé de la grille.

Cela vous paraît énorme ? Pas si vite...

Continuons avec notre exemple : vous souhaitez donc vous rendre à Lyon depuis Bordeaux. On trouve dans la grille de prix d'un Lyon-Bordeaux aller-retour un certain nombre de tarifs : jeunes (moins de 25 ans), week-end, famille... ET le plein tarif de référence, soit 620 euros aller-retour (hors taxes bien sûr !). Ce qui vous met l'aller-retour Lyon-Bordeaux à 155 euros (toujours HT) en AD75. Sachant que n'importe qui en s'y prenant à l'avance peut trouver des billets à 56 euros pour ce même trajet... Formidable, non ?

Eh oui, le tarif AD75 n'est pas forcément une bonne affaire, avec tous ces prix d'appel très bas pratiqués de nos jours par les compagnies. Finalement, je vais être tout bêtement prévoyante, et acheter mes propres billets comme n'importe qui, sans en informer le bureau tout entier et remplir des pages et des pages de formulaires. Bien sûr, je ne nie pas que ces tarifs soient parfois extrêmement avantageux : en 2004, j'avais pu ainsi me rendre en Afrique du Sud pour environ

400 euros, ce qui était une très bonne affaire. Cela m'est arrivé une fois, en dix ans de métier.

Si toutefois je souhaite un « package » (rappelez-vous : les vols + les hôtels + les transferts + la restauration), les TO, quant à eux, sont plutôt généreux avec les agents de voyages. Des tarifs ultracompétitifs nous sont même réservés. Ceci, cela va de soi, toujours avec l'arrière-pensée de nous séduire et de nous permettre de vendre au mieux l'hôtel que nous aurons « testé » durant nos vacances. Les TO sont des gens intelligents ! J'ai souvent profité des tarifs agent de voyages, et toujours avec un réel plaisir. Aujourd'hui, il est devenu également un peu plus difficile de les obtenir et les démarches sont devenues là aussi plus procédurières. En général, nous avons toujours droit à notre super-tarif spécial agent, mais nous ne pouvons, par exemple, réserver que quatre jours avant notre départ, s'il reste de la place, bien entendu. Autrement dit, prévoir des vacances d'été de cette manière, nous n'y pensons même pas. Cela tombe sous le sens, les TO préfèrent vendre en priorité aux clients qui payent leurs séjours au tarif brochure. Mais si j'ai de la chance, sur un coup de tête et sans avoir vraiment prévu de partir à un endroit précis, je peux avoir la possibilité de m'offrir un hôtel-club au Maroc pour 200 euros !

Toutefois, l'agent de voyages est un salarié comme les autres, qui ne bénéficie pas de plus de cinq semaines de congés payés annuels. Donc, non, hélas, nous ne passons pas notre vie à faire le tour de la planète pour trois francs six sous...

Pour ma part, je déteste m'occuper de mes propres vacances, je déteste mendier des tarifs préférentiels aux TO ou aux compagnies aériennes... Remplir un formulaire et bla-bla-bla... Quelle affaire ! Ce que j'aimerais, moi ? Quelqu'un qui s'occupe de moi comme je m'occupe de mes clients tout au long de l'année. J'ai simplement envie que ce soit mon tour. Et que je me fasse servir moi aussi. Voilà pourquoi il m'est déjà arrivé de réserver tout bêtement mes propres vacances comme n'importe quel client, en agence, voire même sur le Net ! Ne dit-on pas des cordonniers qu'ils sont les plus mal chaussés ?

« Les agents de voyages sont des voleurs »

Internet est une géniale invention dans bien des domaines. Dans le tourisme, il permet souvent à nos clients de se faire une certaine idée des tarifs. Mais, manquant de confiance dans ce système, nombreux sont ceux qui n'osent pas ensuite passer leurs réservations en ligne. Et c'est là que le bât blesse. Avant Internet, le client nous faisait confiance – il est vrai qu'il n'avait guère d'autre choix. Aujourd'hui, il est entré dans l'ère du soupçon. Certes, il est formidable de pouvoir s'informer rapidement sur un prix, de trouver des renseignements ou les premières réponses à quelques questions. Malheureusement, en matière de voyages, on trouve tout et n'importe quoi sur la Toile. Du très bien, du très sérieux, voire du haut de gamme et... de l'arnaque pure et simple. Devant tant de choix, les clients sont souvent perdus... Nous les retrouvons alors dans nos agences, où ils nous font faire un tas de recherches et se montrent parfois déçus par nos réponses. Encore que le mot « déçus » est faible ; je dirais plus justement « soupçonneux ». Dialogue type :

« Pour votre billet d'avion, cela fera 375 euros TTC aller-retour, monsieur.

– Comment ? Combien ? Mais je l'ai vu à 120 euros sur Internet !

– Non, monsieur, 120 euros, c'est un prix d'appel ; pour ces horaires et ce trajet, c'est bien 375 euros TTC.

– Vous êtes sûre ? C'est difficile à croire, cela fait quand même une grosse différence.

– Oui, monsieur, je suis sûre, mais nous allons faire le test de retourner sur le Net, de faire votre manip jusqu'au bout, de stopper la réservation juste avant l'étape de la Carte bleue, vous allez voir, le tarif sortira bien à 375 euros TTC. »

Soit le client vous accorde le bénéfice du doute et préfère vous faire confiance d'office, soit, un peu mouché mais saint Thomas tout de même, il attendra votre démonstration sur le site pour réserver en effet à 375 euros chez vous. D'autres sont tout simplement de mauvaise foi, prêchant le faux pour savoir le vrai. Ils n'ont rien vu sur Internet, mais nous feront croire mordicus que si, si, ils ont trouvé moins cher. Ne pouvant m'aligner sur des tarifs fictifs, je n'insiste pas en général. Une agence de voyages sérieuse ne négocie pas comme on peut marchander un tapis.

D'autres clients ne comprennent pas les tarifs qu'ils trouvent sur les sites Web, ce qui est bien normal, personne n'étant là pour les leur expliquer. Ainsi, j'eus un jour la visite d'une dame qui avait vu un « tarif couple » pour aller passer un week-end à Paris avec son mari. Un tarif couple implique comme son nom l'indique qu'il faut voyager à deux. Mais le prix indiqué pour le billet, quant à lui, est bien « par personne ». Elle pensait donc n'avoir à payer que 220 euros pour ses billets d'avion, et non les 440 euros que je lui réclamais. Mal à l'aise, la cliente dut abandonner la transaction et renoncer à son projet de week-end. Bien évidemment, je suis passée pour la méchante de service...

Des sites formidables proposent même des voyages bradés à 50 % ou 75 % !

« Sur le Net, j'ai vu le même voyage avec 50 % de réduction...

– Génial, quelle bonne affaire ! Pourquoi ne l'avez-vous pas réservé sur le Net alors ? »

Le client sait flairer l'arnaque, sinon il ne serait pas assis devant notre bureau. Au fond de lui, il sait que cette réduction n'est pas réelle, mais il aimerait tellement que ce soit vrai... Aucune agence de voyages, même en ligne, ne se fait 50 % ou 75 % de marge sur un voyage. La moyenne est de 12 % de commission, il est donc mathématiquement impossible, sauf en vendant à perte, de proposer une telle réduction.

Et le client en est conscient lui aussi car, malgré ces offres alléchantes, il signe chez vous. En grognant, mais il signe, comme s'il n'avait pas le choix, sous la contrainte... À certains moments, j'ai l'impression d'être une tortionnaire !

À l'inverse, existent aussi ceux qui ont besoin de conseils, qui vous font faire des tas de recherches, vous posent des dizaines de questions, vous rappellent plusieurs fois... et, forts de ce qu'ils ont appris, font leurs réservations... sur le Net ! Pour économiser 15 euros de frais d'agence que pourtant votre travail justifiait amplement !

Cette attitude est déjà culottée, mais certains ne s'arrêtent pas là. Imaginez-vous que s'ils sont mécontents d'un moindre détail sur l'hôtel qui leur avait été conseillé, ils viendront s'en plaindre. Auprès de nous ! Forcément, parce que, mine de rien, un service après-vente dans une agence qui a pignon sur rue, c'est quand même plus pratique. À ceux-là je demande gentiment de me rappeler leur nom, fais mine de ne pas retrouver leur dossier (les clients continuant aussi de faire mine qu'ils avaient bien réservé ici), et enfin je finis par poser LA question qu'ils voulaient à tout prix éviter : « Mais enfin, vous êtes sûr d'avoir réservé chez nous ? » À peine rouges, ils bredouilleront un « je crois bien... », sachant pertinemment qu'il n'en est rien, mais si je pouvais quand même gérer ce petit problème, cela les arrangerait bien... Et je me fais un plaisir de leur répondre que non, vraiment, je ne pourrai pas intervenir pour eux ou appeler le service commercial pour régler ce petit souci, ils doivent aller voir l'agence où ils ont réservé. J'ai même quotidiennement des gens qui achètent leurs billets sur le site d'une compagnie aérienne et qui me rappellent parce qu'ils n'arrivent pas à les joindre pour modifier : « Il y a trop d'attente au téléphone ! » Quelle satisfaction de pouvoir leur dire que, non, je n'ai pas accès à leur dossier puisqu'il n'a pas été traité dans notre agence. Eh oui, c'est cela que rémunèrent les frais d'agence. Une véritable écoute, du sur-mesure ET un service après-vente.

« Les agents de voyages gagnent bien leur vie »

Une fois, un client m'a dit : « Je peux vous payer le solde du voyage à mon retour ? Je suis un peu juste sur cette fin de mois, mais bon, vous ne devez pas savoir ce que c'est... » Ah bon ? Êtes-vous bien sûr de ça ?

Je repense parfois à la mise en garde qui nous avait été faite à l'école de tourisme.

Entre mon premier job en agence traditionnelle et aujourd'hui, dix ans se sont écoulés et j'ai occupé des fonctions assez différentes. Mon CV peut paraître instable, mais moi je le trouve dynamique. Eh bien, après dix ans de carrière, et forte de cette expérience plutôt diversifiée, je gagne… attention… roulement de tambour : 1 800 euros !!! Bruts, évidemment.

Je sais, il y a pire et je suis plutôt bien lotie. Il faut savoir que changer à plusieurs reprises de société m'a permis de demander à chaque fois une petite augmentation, ce sont donc 1 800 euros que j'ai obtenus stratégiquement ! La plupart de mes collègues sont loin d'atteindre ma glorieuse paye ! Mon employeur compte même parmi les plus justes au niveau des rémunérations. Une chance, car avec 1 800 euros bruts mensuels, soit 1 292 euros nets, on ne fait pas grand-chose ! À vingt ans j'étais ravie, aujourd'hui j'ai un crédit pour la maison, des factures… Comme beaucoup de gens, je travaille uniquement pour payer ce que je dois.

Cette stratégie de changement de jobs m'a amenée à passer de nombreux entretiens d'embauche et j'ai eu l'occasion de constater que certains employeurs n'hésitent pas à vous faire quasiment repasser un BTS pour faire leur recrutement ! Je me souviens d'une agence auprès de laquelle j'avais postulé à Chambéry ; on m'a donné quatre pages de tests à remplir ! Je les avais rendues sans la moindre faute, et malgré un CV intéressant, régulièrement enrichi, la responsable de cette agence m'avait proposé sans complexe… le SMIC. Royal. « Ah ! mais mademoiselle, c'est normal, vous êtes dans le tourisme. » Voilà donc le vrai fond du problème, alors ? Moi qui pensais n'avoir pas fait assez d'études, moi qui m'acharnais à rattraper des diplômes ou à faire progresser mon expérience, je m'acharnais donc pour rien ? Parce que « c'est le tourisme », je suis condamnée, même si je devais un jour valider un bac + 5, à gagner modestement ma vie ? Est-ce vrai ? Est-ce normal ? Non, ce n'est pas normal, c'est culturel, injustement installé par l'usage, mais rien de « normal » à cela !

Prenez une personne « normale » dans la rue, saura-t-elle se servir d'Amadeus ? Décrypter les codes des compagnies pour les réservations ? Va-t-elle connaître tous les sites touristiques, savoir quel hôtel se trouve dans quelle brochure ? Quel tour-opérateur propose quelles prestations ? Va-t-elle savoir vous renseigner sur les formalités de police ou de santé à accomplir avant votre voyage ? Il en faut de la culture, et une solide formation ! Notre métier ne s'improvise pas. On n'y réalise pas d'exploits visibles, d'accord, mais nous sommes très qualifiés. Et toute personne qualifiée, réunissant des compétences larges et techniques, devrait pouvoir être payée en conséquence.

J'ai appris un jour par hasard que la femme de ménage de la société où travaillait mon mari gagnait à peine 50 euros de moins que moi. Je prends cet exemple non pas par dédain, mais parce qu'il est établi dans l'esprit de chacun qu'une femme de ménage ne gagne pas bien sa vie. Et il semble donc établi de la même façon dans ma profession que, parce que « c'est le tourisme », un agent de voyages ne gagnera pas bien non plus la sienne. Et s'il peut paraître moins gratifiant de faire le ménage, à salaire équivalent, ce n'est pas le cas. Quand on sait comment on nous parle parfois et la façon dont nous traitent certains clients, non, nous ne sommes pas mieux considérés, nous, les « agents de voyages » et, malgré notre bac + 2, notre travail n'est pas mieux reconnu. De plus, par rapport aux attributions d'une femme de ménage, nous avons beaucoup de responsabilités. Oubliez donc de prévenir votre client qu'il a besoin d'un visa pour se rendre en Chine, trompez-vous de dates sur un billet d'avion, faites un oubli de détail sur un groupe de 50 personnes, vous allez vite mesurer l'impact de vos erreurs et ce qui pèse sur vos épaules. J'ai vu des agences de voyages mettre la clef sous la porte pour une apparente bagatelle. Alors maintenant, à choisir, je me dis parfois, femme de ménage, pourquoi pas ? Je ne serais ni moins payée, ni plus sotte, mais les responsabilités me pèseraient moins. Dans les agences, vous gagnerez modestement votre vie, mais on attirera très régulièrement votre attention sur le fait que vous ne devez jamais vous tromper.

Chers amis, famille bien-aimée...

Au début, on est flatté de susciter l'intérêt et l'admiration dans les dîners. De répondre aux mails des amis et à ceux des amis des amis...

Mais passé quelques années, à la question : « Et toi, tu fais quoi dans la vie ? », je me suis mise à hésiter entre répondre ou mentir. La conversation prend vite une tournure de boulot et les pires questions, elles viendront d'eux !

« C'est vrai ? Agent de voyages ? Formidable ! Nous, avec Sophie, justement on comptait aller au Maroc en février, ça nous coûterait combien, à peu près ? »

N'étant pas venue à cette soirée avec mon ordinateur équipé d'Amadeus et n'ayant pas pris mes brochures sous le bras, je réponds... que je ne sais pas ! En général, ça se traduit par une phrase du genre : « Ça dépend. » Parce que ça dépend, en effet. Des dates, de la catégorie d'hôtel... Sur ce, j'espère qu'il va se satisfaire de ma réponse et me laisser tranquillement profiter de la soirée... Très naïf de ma part...

Car l'ami est insistant : « Non mais juste comme ça, à peu près. »

Avec des yeux écarquillés et passionnés.

Et là, le reste de l'assistance va y aller de ses questions : « Moi, c'est à New York que je voudrais aller. Ça coûte combien, un billet pour New York ? »... Et chacun de raconter son souvenir de vacances, sa mauvaise expérience sur telle compagnie aérienne, et qu'est-ce qu'on peut demander comme dédommagement quand un bagage a été perdu en 2003, et qu'est-ce qu'on a le droit d'emporter dans son bagage à main ou encore est-ce que c'est vrai qu'aux États-Unis on vous confisque votre saucisson et votre fromage à l'arrivée ? Et est-ce que c'est vraiment interdit de rapporter des contrefaçons ?...

Et enfin LA question : « Et tu peux avoir des prix ? »

Tous seront très déçus, parfois un peu dubitatifs, d'apprendre que déjà, en avoir pour nous c'est compliqué, alors pour d'autres, même des proches, c'est tout bonnement impossible. Au mieux, je pourrai leur faire cadeau des frais d'agence. Ces frais d'agence que tout le monde trouve toujours si chers d'habitude et qui, d'un coup, ne valent plus rien : « Ah bon, seulement 24 euros de réduction ? »

Mais les amis sont généreux : « Je t'enverrai ma cousine... Autant que cela rende service à quelqu'un, si ça peut te rapporter à toi plutôt qu'à une autre agence... Vous êtes payés à la com ? »

Eh bien encore une fois, non. Sauf exception rare, un agent de voyages n'est pas payé à la commission. Que la cousine vienne dans l'agence où je travaille ou dans l'agence d'en face, cela reste un choix intéressant pour le patron de l'agence, c'est tout !

La famille ne nous ennuie pas de la même façon. Elle est tout simplement notre pire source d'angoisse. J'établis des dizaines de billets par jour, pour des dizaines de clients, sans y penser. Mais j'aurais peur de me tromper sur un seul billet : celui que ma maman me demande pour elle-même !

Pour un client lambda qui me demande un Paris-Singapour, il me faudra au maximum vingt minutes. Je serai certaine d'avoir le billet parfait, la réservation en bonne et due forme. Pour ma maman, je vais me relire environ douze fois, vérifier que j'ai bien enregistré le bon tarif, vérifier la vérification précédente, je ne dormirai pas la veille du départ, tenue en éveil par un doute affreux : « Mon Dieu, est-ce que je lui ai bien réservé un siège côté fenêtre ? », ou « Est-ce que je n'ai pas débité deux fois sa carte bleue par mégarde ? »... Dans une agence où je travaillais, on avait passé un accord avec une collègue : je lui envoyais ma famille et mes amis, et vice versa. Beaucoup moins de pression...

BIENVENUE DANS NOTRE MONDE MERVEILLEUX

Top Résa, c'est le top !

Top Résa, c'est LE salon du tourisme. Un grand rassemblement de quatre jours au mois de septembre, réservé aux professionnels, où il faut être ! Ou plutôt, devrais-je dire, où il faut être vu.

Par le passé, il avait lieu à Deauville ; maintenant, c'est à la porte de Versailles à Paris. C'est moins glamour...

Tout est mis en œuvre pour que nous puissions nous y rendre. À notre disposition : billets de train, billets d'avion, voitures de location, chambres d'hôtel (payées), navettes réservées pour nous emmener d'un point A à un point B... Et donc tout le monde y va, ou presque !

Top Résa, c'est l'endroit où tout bon agent de voyages doit se montrer, trois jours à ne pas manquer pour élargir son réseau. Tous nos commerciaux y sont présents, bien entendu : M. Fram, M. Jet Tours, M. Air France..., tous ont un stand. Là, plus nous connaissons de commerciaux, plus nous faisons de bises, plus nous rencontrons de têtes connues et d'agents avec qui nous sommes partis en éductour... bref, plus nous sommes reconnus par nos pairs, plus nous faisons partie de la jet-set du tourisme ! Là, tout se joue sur les apparences, la classe, l'appartenance à un groupe.

C'est un peu notre Festival de Cannes à nous. Toute la profession s'y rend comme à un rendez-vous incontournable et chacun est satisfait de s'y retrouver.

Les bonnes années, le commercial le mieux organisé et disposant du plus gros budget nous offre une balade en limousine ! Ou même il nous invite à faire un tour d'hélico au-dessus de la ville, mais si ! Les organisateurs de Top Résa essaient également de faire venir quelques célébrités (à défaut, ce seront des sosies) pour que l'événement soit vraiment « bling-bling » !

Tous les commerciaux rivalisent de témoignages de sympathie pour nous faire participer à leurs soirées, chaque société organisant une fête, un dîner, une soirée à thème... Les agents les moins connus devront jouer des coudes pour y avoir accès, mais si l'on fait partie des « reconnus » qui ont distribué et reçu beaucoup de bises, rien à craindre, toutes nos soirées seront bien occupées.

On repartira du salon les bras chargés de cadeaux (des stylos bille publicitaires et des babioles en tous genres). Il y a bien sûr quelques voyages en jeu : j'avais gagné par tirage au sort un très beau voyage en Martinique, une année.

Dans le fond, c'est bien agréable, Top Résa, c'est même un bon moment, pour être franche. Juste un peu en décalage avec la réalité qui est la nôtre au quotidien, voilà tout.

Mais vous faites quoi, au juste ?

L'agent de voyages, selon ce que nous a appris notre formation, c'est un conseiller en voyages. C'est surtout et de plus en plus un vendeur. Compte tenu de ce que touche une agence de voyages sur une vente, il est nécessaire pour les responsables de trouver d'autres sources de revenus.

Ceci passe par ce qu'on appelle les ventes additionnelles. Officiellement, on parlera plutôt de la vente de « services » à notre client.

Nous avons donc à vendre des assurances : multirisque, annulation, rapatriement..., très utiles, la plupart du temps. Mais nous voici aussi désormais à devoir vendre des devises étrangères, à proposer une location de voiture à un client qui vient réserver un billet de train, à présenter un hôtel à un client qui veut un simple billet d'avion. Nous pouvons également proposer la location de bureaux ou de salles de réunion... Toutes sortes de services, utiles il est vrai à la clientèle qui en a l'usage. Pour ce qui est des autres... on a souvent l'impression de devoir « créer le besoin » ou pire, de « fourguer des trucs en plus » !

Pour que nous soyons des agents convaincants et rentables, on nous envoie en formation. Tous les trucs et astuces nous y sont enseignés pour placer un hôtel à un client qui venait juste acheter un Paris-Nice. Nous passons maîtres dans l'art de vendre des assurances grâce à la preuve sociale, selon le terme consacré. Le jeu consiste à donner à un client un exemple qui se voudrait vécu pour appuyer le bien-fondé de la proposition : « Un de nos clients a dû annuler son voyage la semaine dernière, son billet était non remboursable. Heureusement, il avait pris une assurance annulation. Il a été remboursé ! » Et de plus en plus, on nous rappelle la nécessité de VENDRE, VENDRE, VENDRE !

Ces ventes additionnelles font désormais partie de nos objectifs – ne rêvons pas, nous ne serons ni primés ni augmentés pour les avoir réalisées.

Vous avez dit augmentation ?

Comme nous l'avions évoqué, l'idée de changer de société de temps en temps peut être bonne pour permettre de faire évoluer son salaire. C'est bête, mais c'est humain : quelqu'un qui a déjà du travail fait plus envie que quelqu'un qui est à la recherche d'un emploi. J'ai constaté que l'on vous refuse moins le salaire que vous revendiquez si vous êtes déjà en poste ailleurs. Il y a une petite satisfaction à débaucher quelqu'un chez la concurrence !

En revanche, obtenir une augmentation de notre employeur paraît impossible ! J'ai des collègues impliquées et méritantes arrivant en fin de carrière, qui n'auront touché au cours de ces vingt dernières années que les augmentations légales dues à leur ancienneté.

Si l'on tente malgré tout d'obtenir une augmentation, il nous faudra bien sûr avoir rempli nos objectifs annuels (« combien d'assurances avez-vous vendues ? »). Nous devrons avoir une bonne note au classement général et réussir notre entretien individuel.

Jusque-là, rien de choquant, c'est la norme et c'est ainsi que cela se passe dans la plupart des entreprises. On est en droit de se penser sur la bonne voie, car on remplit les critères. On peut se dire que c'est gagné puisqu'on a fait tout ce qui était demandé. Le n+1 (comme on appelle le supérieur hiérarchique direct dans notre terminologie moderne) est content et écrit noir sur blanc sur LE dossier d'évaluation qu'il appuie ladite demande d'augmentation, largement méritée. Victoire !

Quelques mois d'attente plus tard, notre fiche de paie affiche toujours un royal SMIC. Toujours rien ?

Eh bien non, rien, parce que... Les arguments au choix de notre employeur sont innombrables. Certains sont même réutilisables à l'envi.

« Ah non, on ne peut pas, il y a eu le 11-Septembre ! » Notre agence y aurait perdu tellement d'argent que ce n'est toujours pas possible... en 2011 !

« L'État a décidé d'augmenter le SMIC cette année. Vous allez donc bénéficier de cette mesure », nous annonce-t-on avec le sourire. Ben voyons, voilà une grande nouvelle, merci l'État...

« Ah non, c'est la crise ! » Qui a bon dos, dans tous les secteurs, d'ailleurs !

« Ah non, ce n'est pas possible cette année ! Vous êtes déjà niveau 3, certains de vos collègues sont au niveau 2 et doivent passer en priorité. » Tant pis si mon travail à moi méritait une augmentation, puisqu'en dessous il y a encore plus mal payé...

« On ne peut pas vous donner une augmentation, vous avez déjà participé à l'éductour de récompense, ce ne serait pas juste vis-à-vis de vos collègues. » Toujours de plus mal lotis...

« On ne peut pas vous augmenter cette année, les salaires sont gelés. » On ne vous en dira pas plus, le simple mot de « gelé » suffit à vous glacer !

« Vous avez eu de bons résultats cette année mais nous pensons que vous pouvez faire encore mieux, vous êtes en dessous de vos capacités, on en reparle l'année prochaine ? » Merci quand même...

« Vous savez, le tourisme c'est fragile. Une grève, un 11-Septembre et on chute. Nous ne voulons pas prendre de risque, vous comprendrez que, ne pouvant être certains de l'avenir, nous n'accordons pas d'augmentations. » Je comprends, excuse validée, certes, mais qui pourra facilement être réutilisée et justifiée chaque année...

« Pas cette année. À la place des augmentations, nous avons préféré opter pour des bons d'achat à redistribuer au personnel, comme cela personne n'est imposable dessus. » Cinquante euros à dépenser chez nos commerçants préférés ! Et nos objectifs d'une année sont récompensés !

« Non, on ne peut pas, vous savez, c'est le tourisme ! » Ah oui, j'oubliais !...

À croire qu'on demande la lune. On se croirait presque en train de faire l'aumône.

La population des agents de voyages est très pacifique. Jamais une revendication ! Un haut niveau technique, de la patience, le goût du service, une culture générale plutôt vaste... Une population qui se plaint à l'occasion mais qui semble avoir accepté son statut. Vous avez déjà entendu parler de grève des agents de voyages ? de manifestations dans la rue ? D'ailleurs, prendrait-on au sérieux des agents de voyages manifestant dans la rue pour défendre leurs salaires ? Nous sommes une si petite minorité... et nous faisons un métier de rêve !

Les jolis plateaux d'affaires

À la sortie de l'école, plusieurs choix s'offrent à nous : travailler dans une agence traditionnelle destinée au tourisme et aux loisirs, se faire embaucher par un TO ou encore rejoindre un plateau d'affaires.

Comme nous l'avons vu plus haut, on ne s'occupe sur un plateau d'affaires que de gérer les voyages et déplacements professionnels des salariés de sociétés en compte chez nous. Armés de notre casque, de notre micro et de notre ordinateur, nous passons notre journée à réserver sur Amadeus tout ce que les clients nous réclament par téléphone. Le plus souvent, nous n'avons d'ailleurs pas le passager au bout du fil, mais sa secrétaire.

Sur un petit plateau d'affaires, l'ambiance reste comparable à celle d'une petite agence conviviale. Mais il existe aussi de gros plateaux d'affaires, chez les compagnies aériennes ou dans des sociétés spécialisées. Sur certains de ces gros plateaux, convivialité n'est pas le premier mot qui vient à l'esprit. On y travaille en open space, cette belle invention destinée à la base à mettre tout le monde sur un pied d'égalité en faisant tomber les cloisons pour un meilleur relationnel. C'est surtout à mon sens un moyen de réduire les coûts en entassant un maximum de personnes sur un minimum d'espace. Sur des gros plateaux, on passe son temps à décrocher, raccrocher, décrocher, raccrocher, à un rythme effréné, sans jamais avoir le temps de finaliser la demande de réservation précédente, sans avoir la possibilité de mettre son téléphone sur « pause », sous peine d'un appel de la hiérarchie qui veille au grain (« Pourquoi ton téléphone est-il en pause depuis trois minutes ? »). La pause déjeuner ne nous sert qu'à finir au calme les dossiers de la matinée que vous n'avons pas pu barrer de notre brouillon ; pas le temps de discuter ou de prendre un café.

Certes, on est là pour travailler, mais à cette cadence infernale ? Au bout d'une centaine d'appels reçus dans la journée, aucune personne normalement constituée n'a plus ni patience, ni empathie, ni humour, ni bonne humeur. Au bout d'une centaine de coups de fil, vous n'aimez plus vos clients. Ce sont juste des gens qui vous harcèlent sans répit. Il arrive que certains, trop occupés et trop sous pression, ne remarquent même pas que sur le siège en face du leur se trouve un intérimaire au lieu de leur collègue habituel ! Sur un gros plateau, vous n'êtes vraiment plus qu'un numéro, votre client n'étant quant à lui qu'un chiffre d'affaires.

J'ai toujours fui les gros plateaux, mais j'ai personnellement vécu ces cadences sur un « plateau virtuel ». Ah ! le test du plateau virtualisé ! Vous vous demandez ce que ça peut bien être ? Une idée géniale qu'avait eue mon ancien employeur : réunir plusieurs plateaux de l'Est français sous un seul et même numéro de téléphone. Avant cela, le plateau de Lyon avait ses clients de Lyon, le plateau de Dijon avait ses clients de Dijon, etc. Un beau matin, arrivant sur notre petit plateau savoyard, quelle ne fut pas ma surprise, en décrochant pour répondre au premier appel de la journée : j'avais en ligne un client de Strasbourg ! Le client n'était pas moins étonné : « D'habitude, c'est Didier qui s'occupe de moi... » Didier, je ne savais pas qui c'était, bien sûr, ni même sur quel plateau il pouvait bien être. Les premiers jours, les clients étaient perdus et excédés : « Mais j'ai commencé mon dossier avec Joëlle à Dijon, je peux lui reparler ? » Eh bien non, car Joëlle sera occupée toute la journée à décrocher, raccrocher, décrocher, raccrocher... Mais notre direction avait pensé à tout, et avait mis en place un « tchat » interne, qui nous permettait à tout moment d'aller discuter avec notre collègue de Villefranche ou de laisser un message à notre collègue de Metz, du genre : « Peux-tu rappeler M. Bidule, s'il te plaît ? » Nous étions donc maintenant harcelés par notre téléphone et... par le tchat !

Je me souviens d'un client passé prendre ses billets de train à notre agence, qui s'était retrouvé devant un interphone en panne dans l'immeuble où étaient situés nos bureaux. Il téléphona pour qu'on lui ouvre la porte, mais son appel arriva... à Metz ! Impossible pour les collègues de Metz de nous transférer l'appel car nous étions bien sûr tous occupés à décrocher, raccrocher, décrocher, raccrocher... Il rappela donc pour tomber cette fois... à Saint-Étienne, d'où l'on ne parvenait toujours pas à nous passer le client car nous étions inlassablement occupés à... décrocher, raccrocher, décrocher, raccrocher !

Le pauvre homme parvint finalement à entrer dans l'immeuble en même temps que quelqu'un qui se rendait dans l'école de langues située en face de chez nous ! Il était exaspéré et on peut le comprendre.

Dans cette organisation, notre hiérarchie était elle aussi virtuelle. Mon chef était basé à Strasbourg et je ne l'ai jamais rencontré. Il n'a jamais pu apprécier la qualité de mon travail, mais d'ailleurs connaissait-il tout simplement l'existence de chacun de ses collaborateurs et savait-il vraiment les replacer sur leurs plateaux respectifs ? Je ne le blâme pas, c'était sûrement difficile pour lui aussi. Il avait la pire des places puisqu'il devait faire face aux plaintes de ses collaborateurs virtuels ET aux pressions de ses supérieurs... Il était véritablement pris entre le marteau et l'enclume.

Nous tentâmes à plusieurs reprises de parler de nos problèmes, de nos difficultés morales à supporter ce fonctionnement impersonnel et invivable. Nous alertâmes également notre direction sur la perte de clients, qui eux non plus ne se retrouvaient pas dans ce changement d'organisation, mais rien n'y fit !

Au bout de six mois, je pris le large et partis voir ailleurs, tout d'abord chez un TO, puis au service groupes d'une agence traditionnelle. Mes six mois de virtualisation m'avaient amplement suffi et j'avais refusé d'être un numéro. Pourtant, la direction essayait d'être convaincante et se creusait les méninges pour nous rendre le sourire et l'illusion d'exister en tant qu'êtres humains. On vit apparaître sur le plateau de nouveaux « jeux », comme celui de l'employé du mois : un salarié élu par ses collègues comme étant le plus méritant, comme chez McDonald's !

Pour fêter la mise en place de ce nouveau système de téléphonie, chaque plateau avait reçu un bouquet de fleurs. Un message très positif. Nouvelle téléphonie + fleurs = la nouvelle téléphonie, c'est sympa ! Ça paraît stupide mais j'ai eu l'occasion de constater que cela fonctionnait à la perfection pour les esprits un peu naïfs ou plus fragiles. La direction avait sûrement l'impression de donner le change, de parvenir à positiver ce massacre en appliquant quelques touches ludiques par-ci par-là... Bien entendu, il s'agissait avant tout de nous « fliquer » davantage, en comptabilisant nos temps de pause, le nombre d'appels décrochés, le nombre d'appels manqués..., et cela ne put effacer le ressenti désastreux des collaborateurs et des clients. Personnellement, j'eus l'impression d'être prise pour une idiote. Heureusement, quand nous avons eu à nous mélanger tous plateaux confondus, nous parvînmes à créer des liens.

Nous avions fini par nous connaître et nous apprécier, et nous nous soutenions. Il est vrai que sans cet épisode, je n'aurais peut-être jamais eu l'occasion de parler avec Joëlle de Dijon ou Magalie de Saint-Étienne. Dans l'impersonnel, nous avions réussi à ramener un peu d'humanité.

Les collègues

J'ai eu de la chance, j'ai presque toujours été bien entourée. Passer dix heures par jour ensemble, ça crée des liens. Et ça permet de forger un répertoire de bons souvenirs et de se les remémorer de temps en temps !

On a tenu des carnets d'anecdotes, on a fait des soirées entre agents de voyages, des éduc-tours, on a ri des clients de mauvaise foi ou des clients poisson rouge... Je suis très attachée à mes amis issus du tourisme. Mon mari est d'ailleurs un ancien agent de voyages.

Il arrive cependant qu'avec la pression, cela se passe moins bien...

On mesure rapidement l'ambiance d'une agence à sa boîte mails.

Il est 16 h 43. Depuis 14 heures, tous les mails de la boîte ont été ouverts et traités. SAUF celui dont l'objet est : « Demande de billet tour du monde et des différents visas. » Il est arrivé à 15 h 24, mais personne n'a cru bon de l'ouvrir.

Bien sûr, la petite réservation rapide de TGV pour le mois prochain, un mail reçu à 16 h 12, a bien été traitée et classée, mais celui de 15 h 24, bizarrement, personne n'a eu le temps de s'en occuper.

Vous savez quoi ? Bonne nouvelle, comme c'est la semaine B, les collègues partent à 17 heures et il ne reste plus personne d'autre que vous jusqu'à 18 h 30 pour traiter cette charmante demande orpheline ! Il faudra bien vous y coller !

Ah, et la collègue « débordée » ! Elle (ou il, bien entendu, mais le milieu des agences reste en majorité féminin) n'a pas eu le temps d'ouvrir la pile de courrier. Alors avant de partir, à 17 heures (pas de chance, c'est semaine B), elle vous la confie. Au menu, des factures à saisir, des billets à rembourser, rien que du vieux service après-vente que personne n'a jamais envie de traiter. Ben tiens ! je comprends mieux qu'elle n'ait pas eu le temps de s'en occuper !

Faire, défaire et refaire, notre métier

Pas question de râler sur ce point, cela fait partie de notre job de modifier sans arrêt les billets de nos clients. Une réunion déplacée, un rendez-vous annulé, un congrès repoussé... et nous refaisons les billets !

Le billet d'avion que j'ai établi ce matin, qui m'a pris tant de temps parce que je ne trouvais pas de disponibilités, tandis que mon client me sommait aimablement : « C'est votre problème, trouvez-moi de la place, je dois le prendre »... eh bien, à 14 heures, je vais finalement devoir le modifier pour un départ le lendemain.

Pas de place le lendemain ? Le client angoissé s'affole : « Heinnnn ? Comment ça, pas de place ? », la voix pleine de larmes, alors j'ai pitié, je lui ouvre une liste d'attente, j'appelle mon commercial pour le supplier de trouver une place... Hop ! à 16 heures, nouveau coup de téléphone, finalement c'est annulé, il faut rembourser. Au passage, le client fidèle me lance un : « Vous me faites tout ça sans frais d'agence, hein ? »

Il est 18 heures, je vois ma journée se terminer, mais coup de fil de sa secrétaire, finalement il partira bien, il faudrait reprendre la place annulée. Plus de place ? Je m'imagine déjà re-pleurer auprès de mon commercial qui ne pourra plus faire de miracle, et on le comprend. Et la secrétaire, qui me lance avec une parfaite mauvaise foi : « Vous aviez déjà tout annulé ? Ben vous ne perdez pas de temps ! Vous pourriez garder les réservations un peu sous le coude ! »

Le lendemain, une autre demande d'un client hésitant.

« Vous voulez un départ de Genève ou de Lyon ?

– Comme vous voulez, me répond-il, voyez le moins cher. »

Je vais donc réserver un départ de Genève, puisque c'est le moins cher. Mais deux heures plus tard, il me rappelle car finalement un départ de Lyon, même à 500 euros de plus, c'est mieux, c'est plus près de chez lui ! N'habitait-il pas au même endroit deux heures plus tôt ? Bien, je vais le modifier. Et renvoyer le devis. Mais là, le client hésitant hésite, naturellement ! Il voudrait bien le départ de Lyon, plus pratique pour lui, mais avec les tarifs moins chers du vol au départ de Genève.

Et le tout sans frais d'agence ! Et avec le sourire, et la même disponibilité qu'au début de la journée...

Eh oui, c'est notre travail de modifier, changer, annuler... Parfois rageant au vu de l'investissement que nous y mettons et du peu de remerciements que nous en recevons... Alors on râle, en privé, entre collègues, et ça fait du bien ! Et on remplit, ainsi, des carnets d'anecdotes !

Les confrères

Nos confrères, ce sont les agents de voyages du groupe concurrent ou de l'agence du trottoir d'en face. En général, avec eux, les relations sont plutôt bonnes. On se comprend. Nous faisons même preuve d'une certaine solidarité. Nous avons les mêmes clients !

Parmi les confrères, on compte aussi tous les acteurs du tourisme qui travaillent dans une branche prestataire des agences : la SNCF, les compagnies aériennes, les hôtels... Notre métier est un peu différent et la solidarité s'amoindrit. Chacun prêche pour sa paroisse, c'est un peu normal, mais parfois très énervant.

Il m'est arrivé d'aller faire modifier mon propre billet de TGV à Paris-Gare de Lyon et de m'entendre dire : « Pfff... encore un billet agence de voyages ! Ce n'est jamais fait correctement ! Je ne peux pas vous le changer, il faut racheter un billet, vous verrez avec votre agence au retour pour vous faire rembourser celui-ci. À l'avenir, pensez plutôt à réserver auprès de la SNCF. » Et il n'est pas rare que nos clients nous rapportent ce genre de commentaires, entendus au guichet de la gare... Je n'ai toujours pas compris pourquoi. Certains agents SNCF doivent trouver plus facile techniquement de vendre un nouveau billet que de modifier un billet existant. Ou alors, s'agit-il d'attirer les clients et de les inciter à quitter leur agence pour choisir de passer par la gare ? Aucune idée.

Cette fois-là, la tête du type a singulièrement changé quand je lui ai appris que l'agent de voyages qui avait « mal fait » ce billet, c'était moi. Que je savais donc précisément comment il avait été fait et que s'il ne parvenait pas à le changer, je pouvais appeler mon commercial pour lui demander d'intervenir sur ce dossier visiblement erroné... Deux ou trois clics plus tard, je suis repartie avec un billet modifié et un gentil sourire du guichetier. Mais je me mets dans la peau du client lambda, intimidé et ne connaissant pas le problème. Que va-t-il penser ? Que son agence, en plus de lui prendre des frais astronomiques, ne fait pas correctement son travail.

Des amis m'avaient demandé un jour de leur réserver des billets d'avion pour venir me voir en Savoie. Mon employeur de l'époque n'avait jamais voulu m'autoriser à déduire pour eux les fameux frais d'agence. Un sou est un sou, si on commence à faire des réservations sans frais pour les amis et la famille, c'est la faillite ! Et malgré tout, pour mes amis, des frais d'agence je ne pouvais pas en prendre, je me sentais honteuse. J'étais donc parvenue, après des heures de négociations téléphoniques et de supplications, à faire simplement un petit début de réservation et à céder le dossier à la compagnie aérienne pour qu'elle termine le travail, afin que les billets ne soient pas émis par mon agence.

Mes amis passèrent donc le week-end en Savoie et le dimanche soir, je les raccompagnai à l'aéroport pour qu'ils rentrent à Paris. Il arrive très fréquemment que ce vol soit tout simplement annulé, faute d'un nombre de passagers suffisant, et ce soir-là, ce fut malheureusement le cas. Un monde fou attendait au comptoir de l'aéroport mais nous parvînmes finalement à nous glisser dans la file d'attente et à atteindre la chef d'escale de la compagnie aérienne, qui nous proposa un vol le lundi matin. Tant pis, c'est ainsi. Mon amie posa la question : « Pourquoi ne pas nous avoir prévenus par téléphone ? Nous ne serions pas venus pour rien ce soir. » Et la chef d'escale de répondre : « Quand les agences de voyages comprendront qu'il faut renseigner les numéros de téléphone dans les dossiers, nous le ferons. » Et vlan ! Une petite amabilité pour ma profession. J'ai regardé la dame, je lui ai dit être à l'origine de la réservation, en effet, mais je lui ai demandé de vérifier qui avait finalisé ces billets : « Ils ont bien été émis par la compagnie aérienne, non ? » Esquivant ma question, elle me répondit que mettre un numéro de téléphone dans un dossier, c'était là un simple conseil de sa part, pour améliorer mon travail. J'ai apprécié, comme on s'en doute, et la conversation s'est largement envenimée. Ce jour-là, j'ai éprouvé le besoin de défendre ma profession, constamment dénigrée par certains médias, et par certains confrères.

Il m'est arrivé aussi d'aller récupérer chez un loueur de voitures un véhicule que j'avais réservé avec le tarif négocié par ma société. J'ai eu des problèmes pour l'obtenir car la personne qui m'a reçue au comptoir ignorait l'existence de ce tarif. Et je me suis dit, quel dommage de ne même pas être en mesure de retrouver les gammes de tarifs de l'enseigne pour laquelle on travaille, à plus forte raison quand il s'agit de louer des véhicules !

À mon tour d'être un peu mesquine, mais quand on est agent de voyages, il faut se rappeler des tarifs de : Air France, British Airways, Lufthansa, de la SNCF, d'Avis, Hertz, Europcar... La liste est longue, et à chaque prestataire, plusieurs grilles de tarifs !

MON CHEF ADORÉ

Il y en a des sympas, des compétents, des impliqués, des bosseurs, des durs, des tyrans...

Comme partout, il y a un peu de tout. Si j'ai quelqu'un de bien, je me garde autant que possible de changer de boulot, c'est une perle rare qui contribue largement à rendre le travail plaisant (à défaut d'être enthousiasmant...).

Globalement, j'ai plutôt eu affaire à des responsables efficaces. Mais j'ai aussi connu...

La chef débordée

La chef débordée est une Wonder Woman. Elle revendique de mener à la perfection à la fois sa carrière et son rôle de maman. C'est très possible et je crois honnêtement que l'on peut tout à fait réussir les deux. Mais dans le cas de notre chef débordée, mener à bien ses deux missions a tendance à signifier se décharger de toutes ces petites tâches quotidiennes qu'elle n'a « pas le temps de faire ». Comprenez « les trucs chiants ». Et les subalternes de récupérer toutes ces petites corvées passionnantes : relancer les clients sur des impayés, remplir des tableaux Excel, faire des régularisations de factures qui traînent sur son bureau depuis trois mois... On comprend que tout ça lui pèse, remplir des lignes de facturation n'a jamais passionné personne, alors, puisque son statut lui permet de faire le tri des activités qui l'ennuient le moins...

La chef débordée n'a jamais le temps de rien, aussi arrive-t-elle après son équipe, repart-elle avant « parce qu'elle a Léon à récupérer à la maternelle », et quand il y a grève des instituteurs ou que Léon est malade, reste-t-elle à la maison pour le garder... sans avoir à justifier de son absence, elle est chef ! Les autres devront pour leur part mettre leurs gosses au congélateur et pointeront au bureau, car elle ne leur donnera pas en revanche les mêmes libertés pour les mêmes motifs ! Elle a raison, il faut un minimum de présence dans l'équipe pour « assurer la continuité du service client ». Quant à décider qui fait acte de présence... Il en va de même pour nos congés, « on verra », c'est un peu tôt pour en parler... Les dates des siens, elles, sont déjà notées en évidence en fluo sur le calendrier punaisé au-dessus de son bureau (à côté de la photo de Léon), et ce pour toute l'année. Elle discutera aussi pied à pied de nos heures supplémentaires, quand nous demanderons à les rattraper : « Et pourquoi tu es restée ce jour-là ? Qu'as-tu fais comme billet ? Peux-tu me le montrer ? » La confiance n'est pas de mise. Mais ce n'est pas de sa faute, la pauvre ! Elle ne peut pas vérifier qui est resté ou non après l'heure, puisqu'elle ne fait jamais la fermeture !

Pleine de méfiance, la chef débordée a tendance à considérer le moindre avantage pour son équipe comme un privilège qu'il faudrait abolir. Jusqu'à la loi sur les 35 heures qu'elle aménage à sa façon, de manière à ce que nous ayons le moins de RTT possible : « À partir de maintenant, vous ferez sept minutes de moins chaque soir, cela fera cinq RTT de moins sur l'année. » Entre sept minutes par jour et cinq RTT par an, vous comprendrez facilement que la préférence des salariés aille aux cinq RTT. Alors, vous prévenez votre chef débordée que s'il vous arrive de terminer à 17 heures au lieu de 16 h 53, vous noterez vos sept minutes supplémentaires (mesquine contre mesquine !). Alors là, non, cela ne fonctionne pas, « on ne va pas commencer à noter des minutes » ! Ah bon, la pendule ne fonctionne que dans un sens, alors ?

Ce qui est dommage est que, mis à part ces travers, ma chef débordée à moi était réellement très sympathique, et très efficace aussi dans son travail avec les clients. Mais j'ai trouvé infernal de bosser avec cette race de chefs. Les chefs débordées, non, je n'en veux plus !

Le chef tyrannique

« Tyran » est l'un des nombreux mots qui ne se mettent pas au féminin, à croire que seuls les hommes peuvent être tyranniques. Eh bien, pas du tout ! J'ai connu deux « cheffes » tyrans. Un binôme. Qui paraissaient plutôt sympathiques et abordables au premier abord.

La première était surtout « bébête », ou un peu « beauf », je ne sais pas trop. Un mélange des deux, je crois. Une femme qui avait la quarantaine... et s'habillait comme Britney Spears, persuadée d'être un puits d'inspiration pour les autres en matière de look. Pas méchante au demeurant, elle manquait juste de recul, d'objectivité... et d'un peu de classe !

Son acolyte était beaucoup plus vicieuse. Au risque de tomber dans la psychologie de bazar, il est clair que cette femme était tout simplement mal dans sa peau. Très grande, très baraquée, elle en imposait déjà par son physique.

Bien que son bureau ne soit placé qu'à quelques pas derrière le mien, elle pouvait m'envoyer plusieurs mails par jour pour me faire des reproches sur mon travail. Elle agissait de même avec les autres membres de l'équipe, bien entendu. Dans ses messages, à part des gros caractères gras, parfois même soulignés de rouge, rien d'illégal, rien d'insultant. Rien, et c'était bien là le problème. Comment parler de harcèlement moral quand vous n'avez pas de réels motifs pour justifier vos dires ?

Ainsi, elle prenait la peine de m'adresser un message écrit pour une chose aussi essentielle que le ventilateur de mon bureau, oublié la veille sur la position *ON* : « Julie, merci de faire attention le soir à bien éteindre ton ventilateur, l'impact économique pour la société ainsi qu'un certain impact écologique ne sont sans doute pas sans conséquence, j'ai dû venir l'éteindre. Merci pour ta vigilance à l'avenir. » Rien d'offensant, n'est-ce pas ? Mais quand dans la même journée vous avez aussi reçu : « Tu n'as pas participé au jeu Air France. Tu voudras bien me justifier pour quelles raisons et tu seras priée de me communiquer tes réponses avant 17 heures ce jour » ; ou encore : « Julie, hier je t'ai envoyé un mail concernant nos nouveaux tarifs, tu voudras bien m'en accuser réception et me confirmer que tu les as bien classés dans les pochettes cartonnées »...

Non, jamais rien de vraiment déplacé, rien d'impoli. Mais plutôt qu'un mail de dix lignes, n'aurait-il pas été plus simple et moins stressant de me dire, en me saluant le matin : « Au fait, fais gaffe, t'as oublié d'éteindre ton ventilo hier soir » ? Il me semble que c'est ce que font les gens normaux...

Je me souviens d'un jour où j'ai dû répondre une fois de plus à l'un de ses mails culpabilisants, et me suis limitée à trois ou quatre mots du genre : « Oui, je vais le faire aujourd'hui. » Ces échanges étaient tellement récurrents qu'ils se transformaient plus ou moins en tchat, et j'y répondais sans y mettre les formes de politesse habituelles, et avais fini par me contenter d'un oui ou d'un non. Mais ce jour-là, elle m'a convoquée dans son bureau, avec un air satisfait et des plaques rouges dans le cou (dès qu'elle était sous l'effet de l'excitation ou de l'énervement, des plaques rouges lui venaient !).

« Il n'y a rien qui te choque dans ton mail ?, m'a-t-elle demandé avec un sourire figé (toujours bien polie, hein ?).

– Heu, quel mail ? »

Elle a eu un mouvement du menton vers l'écran de son ordinateur, et j'ai lu ma prose en traquant d'éventuelles fautes d'orthographe, mais sur une phrase aussi courte... Je relus, réfléchis nerveusement, pour finalement lâcher à regret que non,

rien ne me choquait. À regret, car j'aurais voulu éviter de tomber dans son piège, j'aurais préféré devancer ses reproches, et court-circuiter une nouvelle tentative d'humiliation... Hélas, je ne voyais vraiment pas où elle voulait en venir.
« Tu m'as écrit en majuscules ! C'est très agressif ! Fais attention les prochaines fois, on apprend cela en communication ! »

Oui... on apprend ce genre de choses dans les formations de communication. Visiblement, elle avait dû oublier de les suivre, elle aussi (sans parler des stages de management)... J'ai rarement pleuré sur mon lieu de travail, mais je dois avouer que j'ai souvent craqué à ce poste. Il m'est même arrivé de revenir au bureau tard le soir, terrifiée à l'idée d'avoir oublié d'éteindre mon ventilateur ou de mettre l'alarme...

Et, un jour, j'ai décidé de ne plus me laisser martyriser. Je suis allée les voir, toutes les deux, et j'ai vidé mon sac de reproches, moi aussi. Dans l'équipe, c'était un ras-le-bol presque général, qui se traduisit finalement en plainte collective auprès de la DRH. Nous fûmes même suivies par une psychologue d'entreprise pour nous aider à gérer le conflit. Des heures autour d'une table à débattre de ce qui révoltait les unes, décourageait les autres... pour rien. Il y eut de nombreuses démissions. Mais elles finirent néanmoins toutes deux par partir, sous l'impulsion d'un nouveau directeur général assez fier de sa personne mais qui fut capable de faire preuve de plus de lucidité et de courage que cela n'avait été le cas jusque-là dans la maison, et ne s'embarrassa pas longtemps de ces présences nuisibles. J'ai appris que cette période avait été identifiée et baptisée par mon nom en interne : « la crise Julie Tribout » ! Passer à la postérité de cette façon n'est pas des plus flatteurs, mais je ne m'en formalise pas. Pour ceux qui restent dans une société, il est toujours plus facile pour faire table rase de pointer du doigt les personnes qui l'ont quittée.

Le chef mégalo

Celui-là aussi, j'y ai eu droit ! Il est amusant, attachant, mais usant ! Mon chef à moi était très fier de sa réussite, et à juste titre. Il avait monté sa petite agence de voyages une vingtaine d'années auparavant, en pleine montagne, dans un village isolé, avec sa copine de l'époque, outillé de deux classeurs et trois stylos entre les quatre murs de sa chambre ! Il avait des idées, des ambitions, et il avait finalement bâti une entreprise qui fonctionnait un peu à la va-comme-je-te-pousse, mais plutôt bien, et jouissait d'une vie agréable et de revenus confortables.

C'est à cette époque que je fus recrutée. La petite société était à l'étroit dans une vieille maison de village, qui ne ressemblait en rien à des locaux d'entreprise. Au bout de vingt ans, il était légitime de lui donner un nouveau cadre et une nouvelle image. Il fallait trouver des locaux assez spacieux, et plus attrayants, dans une vraie ville. Nous nous installâmes donc dans un village d'entreprises près d'une grande agglomération. Qui dit petite agence familiale dit « débrouille », aussi le déménagement fut-il organisé et géré par les employés, du changement d'adresse aux cartons à transporter et à déballer ! Mais c'était sympathique et amusant de se sentir impliquée.

Mais, surprise, une fois installés dans nos nouveaux locaux, Monsieur le Directeur se mit à tout voir en grand. Nouveaux bureaux, nouvelle image, nouveau train de vie, on ne pouvait plus l'arrêter... Monsieur le Directeur allait au restaurant midi et soir, nous demandait d'aller au garage récupérer sa voiture à laquelle il avait fait poser des pneus neige, de venir le chercher à une gare éloignée où son train marquait un arrêt de dix minutes avant de rejoindre sa gare de destination – dix minutes d'attente, c'est long, pour un directeur... Il louait des bureaux vides à Paris, parce qu'une entreprise qui a des bureaux à Paris, « ça fait sérieux » ! Certes, cela fait certainement chic sur une carte de visite, mais à quel prix ! Des locaux vides, payés pour... rien ! Il ne comprenait pas que son équipe parte à l'heure prévue, que toucher un salaire ne signifiait pas se mettre à la disposition de son employeur, et il nous imposait sans crier gare changements de plannings et d'horaires. Il dorlotait ses « beaux » clients en les emmenant en voyage ou en leur offrant des séjours au ski, pour s'attirer leurs faveurs et voir un voyage de groupe se confirmer dans son agence. Il faisait paraître de la publicité dans des magazines renommés, vantant les mérites d'une super croisière... qu'il n'avait pas encore programmée. Il participait à des salons de tous côtés... Bref, il se faisait plaisir et jugeait que rien n'était trop beau pour son entreprise, même si tout cela n'était que de la poudre aux yeux.

D'un autre côté, le chef mégalo a plutôt bon cœur. S'il est content de votre investissement dans sa belle maison, il vous fera volontiers participer aux salons, vous emmènera vous aussi dans les beaux restaurants... Pour ma part, je le trouvais fatigant car il était difficile de lui faire accepter des limites, que ce soit dans ma vie personnelle (ne jamais plus donner mon numéro de portable au patron mégalo !) ou en termes de droit du travail : j'ai le droit de partir à l'heure et, non, je ne suis pas payée pour aller faire des courses ou chercher sa voiture au garage !

Le chef pas très réglo

De tous ceux que j'ai connus, celui-ci fut assez curieusement l'un des plus sympathiques. Il faut dire qu'il présente déjà le grand avantage de n'être ni mégalo, ni tyrannique, ni débordé (quoique...).

Disons-le tout net, dans sa vie personnelle, le chef « pas très réglo » est un roublard. C'est le genre de personne qui fait refaire sa cuisine ou son parquet en accusant sa jeune voisine ou son syndic d'une inondation. Procédurier, provocateur et d'une honnêteté toute relative, il a l'habitude d'exagérer et d'amplifier des situations pour obtenir tel ou tel avantage. La fin justifie les moyens – avec lui, le proverbe prend tout son sens. Il se vante d'avoir obtenu un abonnement Internet gratuit, de ne pas payer d'impôts malgré des revenus dont il laisse supposer la largesse, d'avoir réussi à arnaquer son concessionnaire ou d'avoir fait virer de son emploi un pauvre standardiste qui aurait voulu lui tenir tête... Il n'a sûrement pas que des amis mais s'en sort bien dans la vie et s'en flatte.

En revanche, dans le travail, il est plutôt agréable. Ce type de chef n'est jamais sur le dos de ses collaborateurs, ce qui est un vrai confort. D'une part, il sait n'avoir rien à apprendre à son équipe, qui est efficace et autonome. D'autre part, il délègue beaucoup... vraiment beaucoup ! De cette manière, il « achète » sa légitimité de chef par sa cordialité, et on a tendance à lui passer beaucoup de choses. Il a l'art de savoir prendre les gens, et use et abuse d'une arme efficace : l'humour ! Souvent potache, pas toujours très fin, soit, mais tellement décalé malgré tout dans le monde de l'entreprise qu'il remporte finalement les suffrages de la plupart de ses collaborateurs.

Le chef pas très réglo, paradoxalement, passe beaucoup de temps à remplir une multitude de superbes tableaux Excel, que personne dans sa hiérarchie ne lui demande, mais qui ont pour seule visée de le faire valoir. Chaque vendredi ou presque, nous assistons donc à la création de chefs-d'œuvre de reporting sur l'activité de la semaine et sur les profondes interrogations de notre tête pensante. Soit par exemple trois pages d'une écriture fine et serrée, sur le thème : « la société Bidule a commandé moins de billets de TGV et plus de billets d'avion ce mois-ci » ; le tout récapitulé sous forme d'innombrables statistiques et savants pourcentages.

Ces trois pages nous sont envoyées par mail, avec comme il se doit un mot d'encouragement pour l'équipe, et en copie à la terre entière dont, et avant tout, notre directeur général.

J'ai toujours été convaincue que personne ne s'attardait à lire ces rapports hebdomadaires, franchement indigestes, même s'ils représentaient un sacré boulot et témoignaient d'une passion remarquable pour les schémas... J'imagine qu'il avait, par ce travail supplémentaire, et totalement superflu, le sentiment de donner à sa hiérarchie l'image d'un chef d'équipe très impliqué.

Oui mais voilà : ces tableaux monopolisant une bonne part de son temps et de son énergie, il n'a plus vraiment le temps d'être disponible pour son équipe ni pour régler les tâches qui devraient lui revenir pour la bonne marche de l'agence (un client qui le réclame, une commande urgente de fournitures, une panne informatique...). Souvent, il prévient dès le matin : « Aujourd'hui, vous ne me passez aucun appel, j'ai beaucoup de boulot ! » Et la porte de son bureau restera dès lors obstinément fermée. Mais comme il l'explique, en « déléguant » (ou en se déchargeant ?), il rend ses collaborateurs autonomes. Comme en plus il part généralement bien avant ses collaborateurs, vers 17 h 30, il est vrai que ceux-ci jouissent en effet d'une indépendance certaine. Pour comble, ses absences ne se remarquent pas vraiment dans l'organisation de l'agence, car qu'il soit là ou pas, ça tourne !

J'aurais tant voulu qu'il se retrouve un jour entouré d'une équipe moins efficace, pour voir, juste pour voir comment s'en sortirait notre bourreau de travail !

Magouilleur dans sa vie personnelle, le chef pas très réglo est parfois franchement filou avec son équipe aussi, et cherche toujours à grappiller les avantages qui devraient, au moins, être partagés équitablement dans son service.

Bon élève, un peu lèche-bottes, il participe à tous les challenges que sa direction lui fixe. En remportant des ventes, il conforte sa bonne réputation et empoche au passage les récompenses prévues. Ce sont généralement des chèques cadeaux, et quand nous gagnons nous aussi des challenges et des récompenses, nous apprécions, au vu de nos petits salaires, de pouvoir les partager entre nous. C'est un petit gain qu'un chef réglo laisserait à ses subalternes, d'autant plus qu'il vante régulièrement leur travail et se repose sur eux en permanence. Mais malgré notre franc mécontentement, il prend sa part au passage, allant jusqu'à nier en bloc et avec un aplomb renversant avoir reçu ses propres récompenses de son côté, pour ne pas avoir à les partager !

Mais voilà, il avait beau être terriblement agaçant, mon chef pas très réglo, rien n'y fait : travailler avec lui et avec sa bonne humeur, cela rendait la vie au bureau beaucoup plus douce. Il avait cette qualité d'être toujours du côté de ses collaborateurs et souvent même d'en parler avec fierté, les remerciant chaque fois que nécessaire, témoignant une réelle estime pour leur travail et s'attachant à se montrer toujours accessible, sans se mettre à distance pour marquer une quelconque différence de statut.

Il existe bien entendu d'autres types de chefs et on les retrouve sans doute dans toutes sortes de milieux professionnels. Encore une fois, dans le tourisme, rien n'est très différent, et les relations humaines non plus n'y sont pas plus cool qu'ailleurs.

UN CIEL SANS NUAGES…

Il y a un bug

L'ensemble de la billetterie repose sur un système, qui, s'il bugue, paralyse le travail de tout le monde. Au printemps 2010, c'est le système de réservation SNCF tout entier, Socrate, qui planta. Une panne nationale. Plus moyen pour personne de réserver des billets de train, par aucun des réseaux de distribution. Ni sur le Net, ni en gare, ni en agence de voyages. Plus rien. Bien entendu, il semblait que c'était ce jour-là que tous nos clients avaient choisi pour avoir besoin de billets. Nous leur expliquions tranquillement que nous ne pouvions pas faire de réservations, qu'une panne s'était produite au niveau national. Et, cent fois, nous devions entendre la même question butée : « Et comment je fais, moi, si je veux voyager demain ? » Nous ne pouvons rien vous proposer, cher client ! À part de vous rappeler dès que le système sera à nouveau opérationnel.

Bug ou pas, la demande d'un client, quelle qu'elle soit, est toujours plus urgente ou importante que celle du voisin. Pour le client, une panne est une catastrophe : elle l'oblige à attendre.

On est en août et il veut un billet d'avion pour Noël ? C'est urgent !

« Vous pouvez me le faire pour quand ? Ça fonctionnera dans combien de temps ? » Bien sûr, votre réponse ne le convainc pas, alors il redouble d'arguments pour vous faire accélérer la cadence, persuadé que si nous voulions vraiment nous donner la peine...

« C'est que moi, je pars à 17 heures, après je n'aurai pas accès à mes mails avant lundi... il faudrait vraiment traiter mon devis en priorité car je dois transmettre ensuite cette proposition à mon correspondant aux USA... »

Certains sont honnêtes, ils ne veulent tout simplement pas attendre et le reconnaissent volontiers.

« Je vais partir en week-end à 14 h moins 12, je pourrai l'avoir avant ? »

Waouh, il est 13 h 30 ! Voilà un généreux client, qui nous laisse royalement quelque quinze minutes pour lui sortir un devis Japon-Chine, lui donner tous les détails, lui envoyer son billet...

Rien ne peut attendre, tout est urgent, à nous de savoir comment, malgré tout, fixer les priorités.

Un nuage de cendres...

Eyjafjallajökull est le joli nom d'un volcan pour lequel je garde une affection toute particulière. Un jour d'avril 2010, une collègue de Metz nous appela pour nous prévenir que, depuis quelques jours, un volcan islandais crachait des cendres, empêchant les aéroports du nord de l'Europe de fonctionner. Soit. L'Islande, c'était loin. Ils pouvaient bien faire ce qu'ils voulaient dans le nord de l'Europe, nous avions assez de soucis comme ça à régler chez nous avec nos clients au quotidien ! La nouvelle me laissa de marbre et je passai au dossier suivant.

À l'heure du déjeuner, la collègue de Metz me rappela, insistante : l'aéroport de Londres allait bientôt fermer, nous disait-elle avec une certaine agitation. Mais enfin, d'où lui venait cette passion soudaine pour l'Islande ? Je n'avais vraiment pas le temps de l'écouter et continuai de me désintéresser complètement de la question.

C'est dans l'après-midi que je reçus le premier appel : un client m'expliquait qu'il était à Londres et que son vol était annulé, à cause, lui avait-on dit, de l'éruption d'un volcan islandais. Aïe !

« En effet, monsieur, j'en ai entendu parler.

– Pouvez-vous me trouver un autre vol, s'il vous plaît ? »

Nous pensions encore à ce moment que certains vols étaient annulés et d'autres pas, et que cette situation ne durerait pas, mais par habitude (l'expérience !), je conseillai quand même à ce monsieur de se rendre plutôt à la gare de Saint-Pancras à Londres pour grimper dans un Eurostar... Recommandation sage, heureusement suivie par le passager qui put dormir chez lui le soir même. OK, l'aéroport de Londres ferme ses portes ce soir, il les rouvrira demain matin et nous n'avons pas d'autres passagers éparpillés dans le nord de l'Europe. Pas de souci ! Je continuai donc à minimiser les caprices de ce cratère grognon et quittai mon travail normalement, à 18 h 30. Quand je racontai à mon compagnon cette histoire de nuage de cendres, il la tourna en dérision à son tour, me rassurant : demain, tout serait rentré dans l'ordre, l'Islande, c'était loin, et les plus à plaindre étaient surtout les agents écossais !

Le lendemain matin, période de vacances scolaires oblige, mes collègues ayant des enfants étaient en congé et nous n'étions que deux à l'agence. Mon téléphone sonna à l'instant précis où je débranchai la messagerie, et à peine avais-je décroché que d'autres appels étaient déjà en attente derrière. Une telle activité à 8 h 30 me parut tout de même suspecte. La veille au soir, les infos du journal télévisé avaient bien parlé de l'éruption de ce volcan au nom imprononçable, là-bas, en Islande, et du nuage de cendres qu'elle avait provoqué, mais il n'avait été question que des aéroports de Norvège, de Suède… Puis Londres, il est vrai, mais ça n'était toujours pas chez nous… Il était si loin, ce volcan ! Comment aurait-il pu perturber le trafic aérien jusqu'à nos frontières françaises ? Mais le téléphone me ramena vite à la réalité : tour à tour, j'apprenais que des passagers étaient bloqués, un peu partout dans le monde, les aéroports fermant les uns après les autres.

Finalement, ce qui pouvait arriver de pire arriva : Francfort, Amsterdam et Roissy annoncèrent leur fermeture pour midi.

Non, pitié ! Pas ça ! Tous nos passagers transitent par ces aéroports !

En plus des passagers déjà coincés, nous devions nous occuper de ceux qui n'étaient pas partis, mais qui craignaient de l'être et cherchaient donc à anticiper les problèmes. Et pour faciliter les choses, il nous fallait aussi répondre à ceux qui n'étaient pas encore partis de chez eux mais avaient un voyage prévu à plus ou moins longue échéance.

Tout ce petit monde se retrouvait donc au bout de nos lignes :

« Vous comprenez, il faut que je rentre au plus vite ! » (Fée Clochette, bonjour !)

« Est-ce que je vais pouvoir prendre mon avion dans trois jours ? » (Madame Irma, bonjour !)

Il faut le savoir, les agences de voyages sont souvent démunies face à ce type de problèmes, et les informations, contrairement à ce que pense le public, ne leur sont pas données en primeur. De plus, les procédures d'échange et de remboursement ne nous parviennent que tardivement.

Ensuite... je sais, c'est cruel... malgré des frais d'agence exorbitants, nous n'avons pas de boule de cristal et nous ne travaillons pas en direct avec les stations météo de la planète, alors... je l'avoue, un agent de voyages *ne sait pas* quand le volcan voudra bien cesser son éruption, si un nuage de cendres va se décaler plutôt vers l'est ou plutôt vers l'ouest, si une tempête de neige va se produire, s'il y aura du brouillard dans une semaine, une grève dans un mois... Eh non !

Alors, comme partout, il nous fallut ces jours-là nous occuper en priorité des vraies urgences, en l'occurrence nos clients qui se retrouvaient coincés à l'étranger. Ah ! quel bonheur de traiter avec un homme d'affaires bloqué à Shanghai !

« Débrouillez-vous, c'est votre boulot, je me fiche de savoir si les aéroports sont ouverts ou fermés, je dois rentrer, trouvez-moi un avion ! »

L'homme d'affaires est, par définition, impatient, parfois impoli et, dans tous les cas, perdu sans sa secrétaire, ou son agent de voyages, ou sa nounou... Il est perdu car s'il sait faire de grandes choses dans son métier, il est terriblement assisté au quotidien pour le reste. Pauvre homme, imaginez-le, seul, orphelin à Shanghai... et son Smartphone qui ne peut rien pour lui...

Malgré tout, un agent de voyages n'en est pas pour autant dénué d'empathie. Il fallait bien trouver une solution pour ce monsieur perdu loin de l'Europe. Mais quelle énergie j'ai dû déployer, et quelle chance j'ai eu d'en trouver une !

Les aéroports du sud de l'Europe fonctionnaient encore. Je décidai donc de le faire rentrer sur n'importe lequel de ces aéroports puis de lui faire regagner sa destination finale (Lyon) en train ou en voiture, que sais-je, je n'en étais pas encore là, il me fallait déjà trouver comment et où le faire transiter. Mais je n'étais pas la seule à y avoir pensé, et les Shanghai-Madrid et autres Shanghai-Genève étaient déjà complets. OK, j'ai une place... sur... un Shanghai-Doha puis un Doha-Tunis, puis Tunis-Madrid et enfin Madrid-Lyon (qui par chance était encore ouvert pour l'instant) !

Ah, juste un détail, le billet coûte… 3 680 euros, en retour simple. Mais TTC, hein ?

Il va falloir annoncer tout cela à monsieur, qui attend depuis plus d'une heure d'être rappelé, un délai sans doute insoutenable pour lui. Mais à Shanghai, au vu des monstrueuses files d'attente qui s'allongent devant les comptoirs de toutes les compagnies aériennes, le client préfère tout de même patienter en attendant votre coup de fil… et quand vous rappelez avec une solution, il vous aime carrément ! Pour les 3 680 euros, il demandera quand même : « C'est à votre charge ? »

Désolée, mais non ! L'agence de voyages n'étant pas responsable des conditions climatiques, des éruptions, des attentats, des grèves… « Non, monsieur, la facture de cette prestation sera envoyée à votre société. »

Une fois de plus, l'agent de voyages peut paraître cruel, mais, si l'homme d'affaires ne veut pas payer de supplément, il attendra gentiment et patiemment que le trafic revienne à la normale, et modifiera son billet quand il y aura enfin de la place disponible pour rentrer. S'il veut rentrer par une prestation « autre », qui nécessite de mobiliser de nouvelles ressources, il faudra la payer. On comprend que ça ne lui fasse pas très plaisir. Qui plus est, ce pauvre monsieur mit finalement quelque vingt-quatre heures pour parvenir à Madrid et, de là, dut regagner sa douce France en… taxi !

Pour les clients qui étaient bloqués en Europe, ce fut plus facile. On put leur trouver des trains, des voitures de location (facturées à la société, là aussi) et pour bon nombre de nos clients, nous ne nous en sommes pas mal sortis, cette fois-là !

Pour ceux qui avaient à traverser l'océan, obstacle insurmontable, malheureusement, ils eurent beau menacer, ronchonner, pleurnicher... ni nos heures supplémentaires, ni nos idées, ni notre dévouement ne purent fournir LA solution. Ainsi, durant cette crise, quelques rares clients resteront réellement coincés plusieurs jours aux USA, ce dont nous étions, ma collègue et moi, sincèrement désolées. J'ai la chance de travailler dans une entreprise et plus particulièrement dans une agence où l'implication ne fait pas défaut. Nous avons réellement le goût du service et s'il nous arrive de plaisanter ou de râler sur le dos de certains de nos clients, nous sommes aussi très concentrées sur un travail que nous maîtrisons bien.

Et donc, en plus de ces clients désespérément coincés à l'étranger, il nous fallut aussi traiter le flot des clients désespérément... inquiets ! « Je dois partir demain, mon vol est-il maintenu ? » Je le répète, être impliqué ne signifie pas être informé plus que les autres ! Au moment où le ciel s'est arrêté, personne ne savait quand cette éruption cesserait, personne ne savait où ce nuage allait se disperser, et enfin personne ne savait quand les aéroports rouvriraient.

Notre monde pressé

Les imprévus de ce genre sont des contretemps importants dans le planning de mes clients – mais de véritables tuiles dans le métier que je fais.

Pourtant, ce n'est pas cela qui me pèse et me préoccupe le plus. Les imprévus, les bugs, les pannes… dans mon métier, on connaît bien tout ça et on parvient à y faire face. Non, ce qui m'effraie réellement, c'est d'entendre constamment les gens se plaindre de manquer de temps. « Je n'ai pas eu le temps de finir ce dossier, de me laver les cheveux, d'aller faire les courses, d'aller chercher les enfants… » Tout le monde manque de temps pour tout. Le jour de cette éruption, pour une fois, ce fut comme si la Terre s'arrêtait de tourner pour contraindre les gens… à prendre du temps.

Une panne, une catastrophe naturelle ou une grève braquent soudain les projecteurs sur ce que la société de consommation a fait de nous. Des impatients incapables de temporiser, des assistés incapables de se débrouiller. Je suis effrayée de constater à quel point les gens ont besoin d'assistance. Et ceci non par méconnaissance ou par peur, mais le plus souvent pour avoir un coupable à désigner. En faisant faire, les gens se déchargent de leur responsabilité.

Avec le nuage islandais de 2010, lorsque les avions s'arrêtèrent de voler, nos clients ne surent que faire de ce temps libre imposé. Leur seule obsession était de trouver le premier billet disponible pour rentrer, pour assurer un rendez-vous... Je le constate dans mon travail, mais vous le constatez sûrement chaque jour de votre côté. Dans une queue à un guichet, dans un ralentissement sur la route, les gens sont excédés. S'ils ne sont pas les premiers servis, ils se sentent floués. Vous avez déjà pris le TGV ? À dix minutes de l'arrivée, tout le monde se lève, se bouscule vers la sortie en piétinant dans les allées. Personne ne pourra descendre avant l'arrêt du train sur le quai, mais tout le monde est prêt, trépignant, ordinateur portable sous le bras, valise à la main, veillant à ne pas se faire doubler dans une file d'attente improvisée que les gens s'imposent à eux-mêmes.

Et quand l'avion se pose à terre, il est encore en train de freiner sur le tarmac qu'on peut déjà entendre le cliquetis des ceintures de sécurité que l'on détache, la sonnerie des téléphones portables que l'on rallume, le clac des coffres à bagages que l'on ouvre. Hôtesses et stewards auront beau redire dans les micros que tout le monde pourra bouger à l'extinction de la consigne lumineuse... rien n'y fait ! C'est tout simplement effrayant.

Mais ce tableau du quotidien banal ou moins banal de la profession ne serait pas complet si je ne vous parlais pas de ce qui en fait le sel, jour après jour... à savoir nos clients ! Les fameux clients...

MES CLIENTS SONT FORMIDABLES

C'est indiscutablement le morceau de choix.

Quand on travaille avec le public, on a la chance – ou pas – de voir de tout. Un véritable échantillon de la population française. Selon qu'on travaille en agence ou sur un plateau d'affaires, on n'aura pas les mêmes clients, mais en règle générale, on peut s'attendre à rencontrer...

Le client hésitant

Celui-ci est plutôt réservé à l'agence de voyages traditionnelle.

« Je ne sais pas... je ne sais pas trop où je veux aller... faites-moi des propositions... vers avril, mai, juin ou juillet... »

Avec ça, facile de démarrer une conversation, n'est-ce pas ?

Ce client-là, hélas, il revient souvent ! Ce client-là est dans notre agence au moins une fois par jour. Des clients indécis, nous en avons toute la semaine à notre bureau. Il nous faut nous armer de patience et partir à la pêche aux indices, débusquer les goûts et les souhaits inconscients, voire secrets, de notre client. Cela fait partie de notre métier, on nous apprend très bien la méthode de la pêche aux indices à l'EPT. Donc :

« Mais bien sûr. Alors, vous êtes combien de personnes à partir ? vers quelle période ?

– On est deux, un couple. Vers… mars, avril… ou mai… »

(Avec ça ! Il va falloir creuser plus profond…)

« Qu'est-ce que vous aimez ? Plutôt le soleil ? Plutôt la mer ? Plutôt la montagne ?

– Ah non, pas la montagne ! On veut de la mer et du soleil. »

(Ah ben, tu vois que tu sais quand même où tu veux partir !)

« Vous avez un budget ?

– Non, dites-moi ce que vous avez ?

– Alors, les Seychelles, 2 300 euros TTC par personne, c'est un hôtel magni…

– Quoi ? 2 300 euros ? Ah non c'est trop cher !

– Ah ! Donc vous voyez que vous avez un budget… »

Oui, mais… En annonçant son budget, le client a toujours l'impression qu'il va bénéficier de moins d'offres de notre part, ou qu'il va passer à côté de LA bonne affaire ou que nous allons lui cacher LA promotion parce que nous ne penserons qu'à lui faire dépasser ledit budget. Le budget, c'est toujours un élément délicat à obtenir.

« Non, mais voilà, un truc pas trop loin, pas cher, pour deux, une semaine !

(On y est, les voilà, les fameux indices que j'attendais pour enfin sortir la bonne brochure ! Ouf !)

– Avril, mai... la Tunisie ! Du soleil, la mer, c'est proche, deux heures de vol seulement...

– Ah non ! pas chez les Arabes ! »

Aïe, en voilà un d'un autre type...

Le client raciste

« Ah non ! pas chez les Arabes ! »

Sans faire de généralité hâtive, ce type de client a souvent le profil « jeune retraité ». Monsieur a travaillé toute sa vie comme cadre à l'usine du coin, madame a élevé les enfants et ils ont une vie confortable... C'est un constat un peu générique, mais bien réel : il est peu probable qu'un jeune couple vous lance ce genre de phrase. Et comme avec sa précédente remarque, il trouve qu'il n'en a pas assez dit, notre délicieux client ajoute, avec un petit sourire :

« Y en a déjà bien assez chez nous, on ne va quand même pas aller chez eux ! Ce n'est pas qu'on est racistes mais... »

Mais quoi ? Vous êtes allergique ? Et monsieur de rechercher du regard votre approbation, votre complicité. Dans ces cas-là, le mieux est de ne rien répondre. Peu importe vos idées politiques ou idéologiques, cela dérive hélas rapidement en blagues grossières. Devant votre mutisme, il devrait comprendre tout seul. Mais mine de rien, des clients comme ça, nous en avons aussi plusieurs par semaine.

Et l'agent de voyages de se remettre à la pêche aux indices et de découvrir qu'il est en fait devant un autre modèle de client...

Le client cliché

« Ah non, pas l'Italie ! » Les Italiens sont des voleurs.

« Ah non, pas l'Allemagne ! » Des buveurs de bière bruyants.

« Ah non, pas l'Angleterre ! » On y mange mal... et ils n'ont même pas de camembert, là-bas !

« Ah non, pas les Pays-Bas ! » Que des drogués et des prostituées.

« Ah non, pas la Chine ! » Ils mangent du chien.

«Ah non, pas le Sénégal!» Ils mangent des criquets.

«Ah non, pas une croisière!» Quoi encore? « On ne veut pas faire comme le *Titanic*, hein!» Dites-moi que je rêve...

Le client méfiant

Un client averti en vaut deux. À une époque, les reportages télé se sont déchaînés sur les agences de voyages. Il est bon d'informer des abus de certains professionnels, de mettre en garde les gens... mais de là à stigmatiser toute une profession comme ils ont réussi à le faire!...

Hier soir, le client méfiant a vu Julien Courbet à la télévision et avant même d'avoir passé la porte, il est sur la défensive! Il a besoin d'un billet de train et nous agresse d'entrée de jeu:

«Pourquoi des frais d'agence, qu'est-ce que c'est, ça comprend quoi?

– N'étant pas commissionnée sur la billetterie, pour vivre, une agence de voyages doit se rémunérer par ses seuls frais d'agence.

– Vous vous engraissez sur la tête des consommateurs! C'est du vol organisé! En gare, ils ne prennent pas de frais d'agence, eux!

– Monsieur, pour ne pas payer de frais d'agence sur un titre SNCF, il faut justement se rendre en gare

– Mais y a la queue là-bas ! »

Payer ou attendre, nous ne forçons personne à faire un choix.

C'est fou, ça ! Tout le monde trouve normal qu'une agence immobilière prenne une commission, qu'un opticien prenne une commission, qu'un boulanger prenne une commission, qu'un supermarché prenne une commission... c'est le principe même de l'économie de marché ! Mais qu'une agence de voyages prenne une commission, voilà que l'on crie à l'arnaque !

Et pourtant, nombre de ces clients avertis n'iront pas faire la queue au guichet de la SNCF, n'achèteront pas leurs vacances sur Internet... Ils ont besoin de reconnaissance, de services, ou ils manquent parfois d'autonomie. Le monde du voyage est donc très bien fait, il y a de la place pour tout le monde et des clients pour chacun. Internet pour les débrouillards, la gare pour les patients ou les petits budgets, et les agences de voyages pour les plus anxieux ou les plus pressés. Ce sont tout simplement des services différents, des prestations différentes, qui laissent à chacun le choix de se diriger vers la solution qui lui convient le mieux. Nos clients fidèles l'ont quant à eux bien compris.

Le client méprisant

Celui-là s'essuie sur vous comme sur un paillasson à son service.

Mon premier jour sur un plateau d'affaires a commencé comme ça :

« Julie, bonjour.

– Ppfffff... encore une stagiaire ! Allez, j'ai pas qu'ça à faire ! Passez-moi Sandrine ! »

Sympa, non ?

On a aussi :

« Julie, bonjour.

– Vous fermez à quelle heure ?

– 19 heures, monsieur.

– Tssss... fonctionnaires ! »

On observe souvent que le client mal aimable est aussi et malheureusement cultivé, parfois plus que nous. Il ne manque pas de nous le faire remarquer :

« Bonjour, mademoiselle, je voudrais un billet de train Lyon-Vittoria. » (Avec un impeccable accent latin.)

Pas évident comme ça, hein ? Vittoria, même si c'est dit avec l'accent, on ne sait pas forcément situer... Soit on a de la chance, on connaît ce petit trou paumé, soit vraiment on ne parvient pas à situer, et on ne reconnaît pas non plus l'accent. Alors il faut finalement se risquer à lâcher un :

« Oui bien sûr, je vais chercher ça tout de suite, ça se trouve où ? »

Le client méprisant va immédiatement adopter un air pincé. Comment se fait-il que vous, professionnelle du tourisme, censée être calée en géographie, vous ne sachiez pas où se trouve Vittoria ?

« Mais enfin, mademoiselle ! En Espagne ! Vittoria en Espagne, où d'autre sinon ?! »

Génial... Vittoria, en Espagne... et en train ! Après plusieurs recherches, non vraiment, il n'y a pas de gare dans cette charmante bourgade, mais vous osez à peine le lui avouer. Il a l'air tellement sûr de lui qu'il vous en ferait presque douter...

Au final, ce client se lève, part vexé en vous lâchant au passage que son agence de voyages « d'avant » savait lui faire ses billets et qu'il va donc chercher ailleurs (grand bien lui fasse... et d'ailleurs pourquoi ne passe-t-il pas par son agence « d'avant »... ?).

Le client bébête

Celui-ci n'est pas forcément méchant ou désagréable, mais ignorant. Ou trop spontané pour réfléchir avant de parler.

Cela donne quelques souvenirs marrants :

« Julie, bonjour.

– (la nouvelle secrétaire de direction de la société Trucmuche) Oui. Bonjour. Il me faut des tarifs pour un Paris-Roissy-Porto aller-retour, du 20 septembre après-midi au 29 le matin, s'il vous plaît, mademoiselle

– Oui, bien sûr, en classe affaires ? en classe économique ?

– Eh bien, donnez-moi les deux, je ne sais pas, il ne m'a rien précisé.

– Très bien, donc c'est un départ le 20 de Paris-Charles-de-Gaulle à 13 h 40, arrivée Porto à 14 h 50, retour le 29 à 9 h 40, arrivée 12 h 50 à Paris-Charles-de-Gaulle.

– Il veut partir et revenir sur Roissy, je vous ai dit !

– (moi, interloquée...) Oui... c'est bien cela.

– Alors pourquoi vous me le faites partir de Charles-de-Gaulle ? ! »

Bon, on peut aussi la comprendre : on n'est pas obligé de savoir qu'à Paris, il y a l'aéroport d'Orly d'une part, et l'aéroport de Roissy-Charles-de-Gaulle d'autre part, que l'on désigne en général juste sous le nom de « Roissy », ou « Charles-de-Gaulle » ou « CDG »...

« C'est bien ça, madame, c'est la même chose, c'est l'aéroport de Roissy-Charles-de-Gaulle.

– Ah... excusez-moi, je suis nouvelle, je ne savais pas...

– Pour le tarif, en classe économique, c'est 151,03 euros TTC aller-retour par personne.

– Et en classe affaires ?

– 871,03 euros TTC aller-retour par personne.

– Tant que ça ?! Et les horaires ?

– Donc c'est un départ le 20 de Paris-Charles-de-Gaulle à 13 h 40, arrivée Porto à 14 h 50, retour le 29 à 9 h 40, arrivée 12 h 50 à Paris-Charles-de-Gaulle.

– Non, mademoiselle, ça c'est ce que vous m'avez déjà donné tout à l'heure !

– Oui en effet, les horaires ne changent pas... (Là je mets du temps à comprendre ce qu'elle non plus ne semble pas comprendre.)

– Mais ? Ce sont les mêmes horaires en classe économique qu'en classe affaires ?

– Oui, puisque c'est dans le même avion. (Je ne comprends toujours pas où elle veut en venir...)

– Mais alors ça sert à quoi de payer plus cher pour une classe affaires s'il arrive à la même heure que les passagers en classe économique ??!

(Et là j'ai peur de comprendre le raisonnement de la nouvelle assistante de direction...)

– Mais madame, c'est juste une différence de confort.

– Eh bien il voyagera en classe éco, vu vos prix en classe affaires ! »

J'ai eu envie de lui dire que même si son patron s'asseyait sur les genoux du pilote, il arriverait à la même heure que tous les autres passagers !

Du vécu aussi :

« Bonjour, je voudrais connaître les horaires de train pour faire Paris-Bastia, s'il vous plaît.

– Bonjour, je suppose que vous voulez dire les horaires d'avion ?

– Non, non, les horaires de train.

– Vous êtes au courant qu'il y a un énorme bras de mer entre la Corse et le continent ?

– Peut-être, mais je veux les horaires de train, je suis sur le site SNCF voyages.com et je ne les trouve pas !

– C'est normal en même temps puisqu'il n'y a pas de train entre Paris et Bastia.

– D'accord, alors donnez-moi les horaires d'avion à ce moment-là... » (À se taper la tête contre les murs, parfois...)

Cette année, j'ai particulièrement apprécié le passage à l'heure d'été. Une semaine après que nous avions changé d'heure, un client m'appela à l'agence, pris d'un doute affreux.

« Bonjour, je vous appelle pour savoir si, compte tenu du changement d'heure, mon vol part toujours à 20 heures samedi prochain ? »

Comme je veux être certaine de bien comprendre, je lui demande de préciser :

« Quel changement d'heure, monsieur, la compagnie a changé votre horaire de départ ?

– Non, non, vous savez, le changement d'heure quoi ! le passage à l'heure d'été !

– Monsieur, le journal télévisé, il passe toujours à 20 heures, n'est-ce pas ? Et ce malgré le changement d'heure, n'est-ce pas ? Eh bien votre vol, c'est pareil, il est toujours à 20 heures. » Sainte Julie...

Et pourquoi tant de gens s'acharnent-ils à vouloir rejoindre un aRÉoport ? Plus poétiques, ceux qui voudraient bien décoller de « Charles-de-Gaulle Étoile » ! (Ça risque d'être difficile, avec l'Arc de Triomphe au milieu de la piste...)

J'ai eu aussi des clients qui voulaient « les heures d'un horaire de train », ou encore un passager qui voulait un aller simple... avec un retour le lendemain ! Et la plus belle, cette cliente qui me dit un jour : « Vous auriez pu me dire que vous n'aviez pas reçu mon fax. » Je vous laisse chercher l'erreur...

Dans le genre pas futés, j'ai recensé aussi les *no name*...

Les clients *no name*

Ceux-là en revanche, ils ne méritent qu'une bonne baffe ! Aucune indulgence, soyons claire !

J'ai passé plusieurs jours sur le dossier de ces clients, la dame s'appelle Annick, le monsieur s'appelle Jean-Pierre, ils sont charmants, nous nous sommes vus plusieurs fois à l'agence, ils sont venus déposer un acompte, je leur ai détaillé leur voyage à plusieurs reprises, les ai informés mille fois sur les formalités de police, nous avons discuté, sympathisé... et le jour J où ils viennent chercher leurs billets d'avion, à quarante-huit heures à peine du décollage, la dame me dit :

« Au fait, tout le monde m'appelle Annick, mais sur mon passeport c'est écrit Françoise, c'est pas grave, hein ? »

Là, mon visage se décompose. Heu, si, en fait, c'est plutôt grave, bécasse !

Il va falloir tout simplement annuler et refaire le billet en urgence. Avec un peu de chance madame la cliente a un billet remboursable. Si ce n'est pas le cas, croyez-moi, elle aussi ne va pas tarder à se décomposer ! Il y a trois mois son billet d'avion coûtait 628 euros TTC ; aujourd'hui, le vol s'est rempli, les places restantes coûtent 983 euros TTC !

La police de l'air ne va pas être très intéressée par le fait que la bonne dame préfère se faire appeler Annick plutôt que Françoise...

Mais ce n'est pas grave, le client a une bonne solution toute logique à proposer :

« Ben, il suffit de prendre la place à 628 euros que j'ai sur mon dossier, et de la remettre sur un nouveau dossier ! »

Mais bien sûr, pourquoi n'y ai-je pas pensé ? Si c'était si simple... Sauf que lorsqu'on annule une réservation, les places qu'on libère vont aller répondre aux listes d'attente ou être tout simplement revendues plus cher. Eh non, je ne peux pas prendre une réservation dans mes petites mains pour aller la coller dans un autre dossier...

Parfois cela s'arrange avec le commercial de la compagnie aérienne qui, lui, arrive à déplacer une réservation... parfois ! Et de moins en moins souvent !

Dans le même genre, j'ai un client sur plateau d'affaires qui, selon l'assistante qui s'occupe de ses billets, s'appelle tantôt « Pierre », tantôt « Pierrick » (lui n'arrive pas à choisir le prénom qu'il préfère, j'imagine...)

J'ai eu un « Fernand » qui du jour au lendemain est devenu « Fernando », un « Jean-Louis » qui est devenu « Juan Luis »...

Parlons-nous de la jeune mariée ?

Oh oui, parlons-en !

Toute fière d'avoir son alliance, elle a dû s'entraîner des heures à faire sa nouvelle signature avec son nouveau nom. Tellement fière d'avoir un nouveau nom que pour son voyage de noces, elle réserve au nom de Monsieur et Madame. Oubliant qu'elle n'a pas fait refaire ses papiers d'identité...

Et débrouillez-vous pour régler son problème d'identité ; après tout, c'est votre boulot !

Au bout de quelques litiges, on commence à avoir le nez fin. Les jeunes mariés et les couples que je reçois, je leur demande leurs passeports pour faire les réservations !

Pour Juan Luis qui vous passe commande par téléphone, c'est plus délicat. Il faut demander aux gens de bien vérifier, en même temps que la date de validité de leur passeport, le nom qui y figure et son orthographe par rapport à ce qui est renseigné sur la réservation. Il faudrait bien souvent que les agences de voyages soient équipées d'une boule de cristal.

Pas seulement pour deviner la bonne identité des clients...

Le client « c'est pourtant clair ! »

Celui-ci aussi nous donne du fil à retordre. N'ayant pas de temps à perdre avec des détails, il nous en demande le plus possible sans nous donner les renseignements dont nous avons besoin. Sa demande lui paraît tellement claire, il sait tellement ce qu'il veut qu'il pense que nous allons deviner ce que nous devons faire, tout naturellement, et oublie donc de nous donner la moitié des informations. Avec ce client-là, la boule de cristal fait une fois de plus cruellement défaut.

« MOI : Oui, bonjour monsieur Trucmuche, je vous rappelle car je ne comprends pas votre demande de modification que j'ai reçue par mail... Vous dites vouloir rentrer le 14 au lieu du 16 octobre, mais sur votre dossier vous partez du 2 au 7 septembre...? (Il y a quand même de quoi s'interroger, non ?)

LE CLIENT « AFFAIRES » (énervé que vous le dérangiez) : Écoutez, mademoiselle, c'est pourtant simple, je vous ai répondu sur le mail de Hong Kong juste pour avoir votre adresse mail. Il ne s'agit donc pas du dossier Hong Kong mais Shanghai ! (Et alors, mademoiselle ? Mais oui, c'est évident, quelle bête je suis de ne pas avoir deviné.)

MOI : Ah... mais sur le dossier de Shanghai, vous rentriez le 18... pas le 16. Vous souhaitez rentrer le 14 ?

LE CLIENT : Oui, bon, j'ai mis 16, mais c'est le 18 ! »

Et là encore, il nous faudra poliment aller à la pêche aux bonnes informations, recoller les morceaux et recouper les différents indices... En principe, on y parvient toujours.

J'aurais des dizaines de dialogues de ce genre à vous rapporter :

« MOI : Votre billet de TGV, en première ou en seconde classe ?

CLIENT : Comme d'habitude ! »

(C'est vrai, il réserve trois fois dans l'année un Lyon-Paris en TGV et je ne me souviens pas de ses habitudes... Pas de mémoire, ces agents de voyages !)

Ou encore :

« MOI (par téléphone) : Julie, bonjour.

CLIENT : Oui bonjour, je suis Mr Shwartzmillher, je voudrais un billet de TGV s'il vous plaît. »

(Avec un peu de chance, il vous appelle avec son téléphone portable, de sa voiture, autoradio en marche et vitres ouvertes !)

« MOI : Oui, vous pouvez m'épeler votre nom ? Je ne vous entends pas très bien...

CLIENT : Shwartzmillher, comme ça se prononce ! »

Sic...

Par mail ou par fax aussi, parfois : « Merci de réserver un Lyon-Paris aller-retour dans la même journée, en 2e classe. »

Pour qui... à quelle date... du superflu, tout ça! Le jeu de devinette ne serait pas drôle, sinon !

Bien sûr, il ne s'agit là que d'étourderies, on le comprend facilement, mais quand la journée avance, que la pile de réservations commence à monter et que nous ne pouvons pas avancer parce qu'il nous manque la moitié des informations, ces « détails » viennent à bout des plus zen !

Les clients qui, eux, ont un nom !

Je me souviens de ce jour où « M. Volaille » et « M. Renard » devaient voyager ensemble. Ce fut une véritable crise de rire générale quand, avec un parfait sérieux, ma collègue leur dit (au téléphone) : « Ah oui... ça ne doit pas être facile quand même... Mais vous vous entendez bien, au moins ? »

Nous avons eu Mme Delamouille, qui partait en voyage de noces avec M. Delagoutte. Peut-on rêver d'un couple mieux assorti ? M. Deux, qui avait coutume d'ajouter : « Comme Jean-Paul ! » M. Noé, qui travaillait – pour de vrai ! – à l'Arche, la station d'autoroute, ou encore M. Podevin dont l'assistante était Mme Boibien.

Et puis... MM. Tétart, Doigt, Santrain (comprenez « sans train »), Chier (cela s'écrivait ainsi mais il prononçait Kié), Mme Courte, M. Baloche, Mme Cabane, M. Cadeau, M. Agaçant (et pourtant très sympa), Mme Erronée, M. Héros, Mme Gagnant, M. Zizi, M. Cécon, Mme Mouton... Et un très aimable M. Jean-Marie Lepen... qui était noir !

Nous avons tout de même l'occasion d'avoir de chouettes fous rires, dans cette profession !

Le client fainéant

Celui-ci est agaçant au possible !

« LE CLIENT FAINÉANT : Oui bonjour, je voudrais connaître les horaires et le tarif d'un aller-retour en TGV Lyon-Paris, pour le 15 novembre, s'il vous plaît.

MOI : Très bien. Vous avez de quoi noter ?

LE CLIENT : Non, envoyez-moi un mail ! J'ai pas le temps ! »

Il faut au bas mot, allez, une minute maximum pour noter ça, mais non, je vais devoir faire « un devis » juste pour un billet de train, parce que monsieur a la flemme de sortir de quoi écrire. Pourquoi les gens qui n'ont pas le temps n'attendent-ils jamais d'être plus disponibles pour faire ce type de démarches, ce sont eux qui ont besoin d'informations après tout ? Ils nous appellent pour nous expédier aussitôt – « Dépêchez-vous, je n'ai pas que ça à faire » –, qu'il s'agisse d'un petit billet de TGV ou d'un déplacement très important en Chine le mois suivant. Là, il ne faut surtout pas succomber à la pression. Aller vite est le meilleur moyen de se tromper, et c'est bien à nous que l'erreur sera reprochée. Le client qui n'a pas le temps de m'écouter, j'essaye dans la mesure du possible de lui demander de nous recontacter à un autre moment, ou je lui propose de le rappeler plus tard. Un voyage en Chine mérite d'être préparé. Qui plus est, nous ne sommes pas des machines, et la moindre des choses quand on pose une question est d'écouter la réponse.

Certains sont fainéants, d'autres sont ouvertement détestables :

« CLIENT FAINÉANT : Vous prenez les Chèques-Vacances ?

MOI : Bien sûr monsieur. »

Et là, il me donne trois carnets entiers de vingt Chèques-Vacances. Vierges. Je vous explique : pour être valides, les Chèques-Vacances doivent comporter le nom et l'adresse de celui qui en bénéficie. Certains sont déjà préremplis par la société, à la création du carnet. D'autres carnets sont vierges (pour être plus facilement distribués sans doute)... Dans le cas qui nous occupe, monsieur mon client me donne ses trois carnets, et je me rends compte qu'ils ne sont pas préremplis

« MOI : Ils sont vierges, il faudrait les renseigner avec votre nom et votre adresse, s'il vous plaît.

CLIENT FAINÉANT : À la main ? Un par un ? Vous plaisantez j'espère ! Vous croyez que j'ai le temps ? Donnez-moi un Post-it ! »

Il y indique son adresse et... vous l'avez compris, à moi de jouer ! Quelques pages d'écriture ! Arrrhhhhhh ! Remarquez qu'après ça, je sais par cœur où il habite... si une irrépressible envie de représailles me venait...

Le fainéant, on le voit aussi regarder à travers la vitrine de l'agence, passer, repasser devant... puis zut, il y a toujours trop de monde, il n'entre pas.

Dix minutes plus tard, le téléphone sonne :

« CLIENT FAINÉANT : Oui, bonjour, c'est monsieur Bidule, j'ai besoin d'un billet d'avion pour la semaine prochaine... »

Pas dupe, et avec des clients à mon bureau, je lui signale que je prends note de sa commande et que je le rappellerai.

« CLIENT FAINÉANT : Oui mais bon, moi c'est urgent ! »

Alors... fainéant, impatient ou... de mauvaise foi ?

Les clients de mauvaise foi

Ce sont mes préférés ! Quand il s'agit d'argent, les clients sont tous plus ou moins de mauvaise foi. Mais certains ne manquent pas d'audace.

Ainsi ce couple de retraités qui partait avec tout un groupe en Crète, pour un séjour d'une semaine organisé par une caisse de retraite. Les adhérents avaient l'opportunité de voyager à prix dérisoire, la caisse de retraite prenant en charge la moitié du séjour.

Le jour du départ, le comptoir de l'aéroport me téléphone à l'agence et me dit que deux de mes passagers ne peuvent pas être acceptés à l'enregistrement car leurs cartes d'identité sont périmées.

La dame, en larmes, cherche tous les moyens d'embarquer et prend le combiné :

« LA DAME EN PLEURS : Ouiiiiiii... mais nous avions une assurance annulation, vous allez nous rembourser, hein ?

MOI : Non madame, je suis navrée, elle ne fonctionne qu'en cas de maladie ou d'accident, l'assurance intervient si c'est un ennui de santé qui vous empêche de partir.

LA DAME : Mais justement, je ne sais pas si c'est l'émotion mais mon mari vient de faire un malaise... et du coup l'assurance fonctionnerait ?

Depuis deux jours, il était un peu souffrant et ce matin, il a fait un malaise à l'aéroport...

(Ben voyons...)

MOI : Vos cartes d'identité ne sont plus valables, mais vous n'avez pas des passeports ?

LA DAME : Si, mais nous ne les avons pas pris, s'il vous plaît, si l'assurance ne rembourse pas, on voudrait partir, nous ne sommes pas terroristes, nous avons pris le taxi, maintenant c'est trop tard, l'avion va décoller... Vous croyez qu'il peut nous attendre le temps que nous allions chercher nos passeports ? »

(Mais bien sûr, aucun problème !)

MOI : Non madame, ça, ce n'est pas possible. Si vraiment vous souhaitez repartir, il va falloir que je vous retrouve d'autres billets d'avion, à un autre moment.

LA DAME : Ah bon ? Mais gratuitement alors....

MOI : Hélas non, madame, malheureusement vos billets actuels ne sont ni modifiables ni remboursables, cet avion doit partir sans vous. Comme c'est du vol affrété nous allons pouvoir conserver votre réservation retour, mais pour l'aller je dois vous retrouver d'autres places, pour un départ demain.

LA DAME : Mais c'est quand même de votre faute, tout ça ! Vous ne nous aviez pas dit qu'il fallait une carte d'identité ou un passeport !

MOI : Si madame, c'est écrit sur votre convocation à l'aéroport

LA DAME : C'est écrit "carte d'identité ou passeport valide" ! Mais ce n'est pas écrit "valide" à côté de "carte d'identité". »

Là, j'entendis l'employée du comptoir d'enregistrement, qui pouvait, elle, se permettre de lui faire une remarque, lui signaler que le mot « valide » s'utilisait pour la phrase entière et que cela tombait sous le sens. Je peux vous dire qu'après cela, vous reprendrez en détail chaque phrase sur vos prochaines convocations aéroport : carte d'identité VALIDE ou passeport VALIDE !

Pour finir de me déculpabiliser (parce qu'il ne faut pas exagérer non plus !), je fis observer à la dame que sur sa convocation, il n'est pas non plus précisé qu'elle ne doit pas voyager avec la carte d'identité de son voisin, et que pourtant elle le sait.

Vous me croirez si vous voulez, j'ai eu de la peine pour ce couple qui essayait de sauver son voyage tant attendu, alors j'ai négocié avec mon commercial (et pourtant celui-là, je ne lui faisais pas la bise !). Les clients ont pu repartir dès le lendemain pour 50 euros de frais chacun. Un moindre mal.

Une autre expérience de réelle mauvaise foi, pour le coup.

« (Lundi matin) Julie, bonjour.

– Bonjour, je voudrais un Lyon-Casablanca aller-retour pour M. Plafond.

– Très bien, j'ai deux tarifs à vous proposer : l'un qui est modifiable et remboursable sans pénalités à 679 euros TTC, l'autre à 421 euros TTC, non remboursable et modifiable avec 50 euros de pénalité.

– Le moins cher, il est sûr d'y aller.

– Vous ne souhaitez pas l'assurance annulation au cas où ? (On doit en vendre, mais elles sont quand même utiles, ces assurances !)

– Je vous ai dit qu'il est sûr de partir, il est obligé, on prend le moins cher !

– Très bien madame, je vous envoie le billet à 421 euros, dès réception de votre confirmation par mail. »

Le mardi :

« Julie, bonjour.

– (la cliente de la veille) J'ai pris un billet hier pour M. Plafond, je voudrais l'annuler, s'il vous plaît.

– Très bien, je l'annule, mais il est non remboursable, on peut vous rembourser seulement les 100 euros de taxes d'aéroport.

– Comment ça se fait ?! On a toujours été remboursés de nos billets annulés ! Comment se fait-il que nous ayons des billets non remboursables ?

– Rappelez-vous qu'hier nous avions évoqué ce sujet. D'ailleurs, vous avez confirmé le billet par retour de mail, sur ce mail il était bien écrit qu'il s'agissait d'un billet non remboursable.

– C'est inadmissible, la prochaine fois je me méfierais ! (C'est sûr, il faut se méfier de cet agent de voyages qui ne pense qu'à vous arnaquer.)

– Madame, ce sont les compagnies aériennes qui imposent des règles pour chaque tarif, à vous de choisir le billet le mieux adapté à vos besoins.

– Mais enfin, faites un effort ! Avec tout ce qu'on vous prend ! (Comme nous l'entendons souvent, cet argument-là...)

– Madame, il n'y a rien à faire, nous ne pouvons pas vous le rembourser tout simplement parce que la compagnie aérienne ne nous le rembourse pas non plus à nous. Nous ne pouvons pas nous permettre de prendre en charge un billet pour lequel vous connaissiez les conditions. »

Il faut rester courtois... mais ferme. La moindre faille, la moindre hésitation, le moindre doute, et le client de mauvaise foi, sentant la brèche, va n'avoir de cesse que d'y creuser un trou de plus en plus profond.

Les clients infidèles

Ceux-là sont repérables aussi bien sur plateau d'affaires qu'en agence.

En général, c'est à monsieur que nous avons affaire. Le plus souvent, il souhaite une réservation de chambre d'hôtel dans la même ville que celle où il réside et il nous précise : « Ce n'est pas une facture au nom de la société, hein, vous me l'envoyez au bureau, mais à mon nom et vous précisez bien sur l'enveloppe que c'est personnel. »

J'avais pour client un couple qui avait l'habitude de voyager ensemble. Un jour, monsieur vient seul à l'agence, voulant soi-disant faire une surprise à sa femme à qui il ne faut rien dire, mais nous demandant un billet de TGV à un autre nom : « Vous n'avez qu'à mettre mon nom à moi. » Rien de grave, et puis un billet de TGV, ce n'est pas nominatif… mais pas précisément discret !

Et là, madame, très intuitive, nous appelle à l'agence pour « faire le point sur les prochains déplacements de son mari ». Difficile de ne pas se laisser piéger. La première fois, sans y voir malice, j'ai tout pointé avec madame. Peu de temps après, monsieur est passé à l'agence un matin pour nous demander qu'à l'avenir ses déplacements ne soient traités qu'avec lui, sous peine de le voir changer d'agence.

J'ai vu aussi une dame, inscrite sur un voyage en groupe, m'appeler trois jours avant le départ pour me demander de changer le nom de son accompagnateur (de l'eau dans le gaz avec monsieur ?). Souvent, femme varie...

Les clients sales

On pourrait se croire à l'abri, on se dit que la clientèle d'une agence de voyages est plutôt assez haut de gamme. En plateau d'affaires, on est plutôt protégé, mais en agence de voyages tourisme il faut se préparer à recevoir toutes sortes de personnages plus ou moins rebutants !

Ne parlons pas de ce monsieur qui dégoulinait toujours de sueur dans sa chemise bleue – la même à chaque fois ! – et qui sortait de sous son « maillot de corps », sous la chemise bleue infâme, des billets de banque que nous saisissions du bout des doigts, désespérées...

Là n'est pas le pire.

Je tiens à aborder un sujet plus sérieux, qui mériterait à lui seul un livre entier tellement c'est honteux. Je parle des clients adeptes du tourisme sexuel. On sait que cela existe, c'est tout autre chose d'y être confrontée.

Je me souviendrai toujours de ce couple d'une soixantaine d'années. Ils vinrent me trouver au retour de leurs vacances en Thaïlande. Ils voulaient savoir si la police française pouvait leur « faire des ennuis ». Monsieur s'était semble-t-il attardé avec une très jeune femme dans un bar... Et madame de lâcher sans vergogne : « Ce n'est quand même pas comme s'il avait touché une petite Française, nous ne sommes pas fous tout de même ! Et elle a été justement rémunérée pour ses services ! Si on était en Thaïlande, c'était bien pour être tranquilles ! Si maintenant on peut être embêtés partout où on va ! »

Eh bien si, la législation française prévoit bien des sanctions. Les relations sexuelles tarifées ou non avec un enfant mineur de moins de quinze ans sont interdites, que l'on soit en France ou à l'étranger. Avec l'exotisme, l'éloignement, certains ont tendance à se croire à plusieurs milliers de kilomètres des lois, mais quand on est français, on voyage avec la législation française ! Les coupables sont susceptibles d'être poursuivis même si le pays dans lequel ils passent leurs vacances ne condamne pas ces faits, et les peines peuvent être lourdes, jusqu'à sept ans d'emprisonnement, même si elles sont malheureusement rarement appliquées, faute de preuves ou de témoins.

La politesse et le goût du service ont beau vous dicter certaines règles, j'ai demandé à ces gens de bien vouloir m'épargner leurs souvenirs de vacances. Mais je ne sais plus si j'ai réussi à leur faire comprendre que ce qui est illégal en France n'est pas plus moral à l'étranger. J'étais jeune, intimidée et tellement estomaquée que je ne savais comment réagir et suis restée sans repartie. Doit-on demander à des clientes de chercher une autre agence ? Les dénoncer aux autorités françaises ?... Ce jour-là, mon inexpérience se fit cruellement sentir.

Plus tard dans ma carrière, j'ai été amenée à rencontrer un chef de produit qui se cachait à peine de la raison de ses voyages – j'espérais qu'il parlait bien de personnes majeures. Peut-on dénoncer un collègue ?

Comment gérer ce type de situation et comment faire justice ? J'ai des regrets aujourd'hui...

Le client angoissé

Le client angoissé a besoin de prévoir, prévoir et prévoir.

« Des grèves ? Oh mon Dieu ! Mais comment ça va se passer ? Vous savez si mon vol va bien partir ? »

Au bord des larmes, paniqué que nous ne puissions pas lui donner de précisions... Nous, les agents de voyages, les professionnels, qui sommes en étroite relation avec les compagnies aériennes, comment se fait-il que nous ne sachions pas à l'avance quels vols sont maintenus ou annulés ? Tous ses espoirs reposent sur nous. Il est pendu à mes lèvres, guettant le miracle que je pourrais réaliser pour lui.

En cas de grève, nous n'avons pas de listes qui récapitulent les départs, les annulations et les retards de la journée. Ce serait tellement merveilleux...

Bien sûr, l'agent de voyages est toujours un peu responsable d'une grève : dans l'esprit du client, il existe des liens entre l'agence et la compagnie aérienne, nous sommes tous dans le même panier, n'est-ce pas, nous tenant les coudes face au pauvre client. « Et qu'est-ce que vous me proposez ? Comment je fais, moi, alors ? »

Une grève étant souvent une décision de dernière minute – un contrôleur aérien qui ne prend pas son poste, le personnel navigant qui décide de ne pas partir... – les compagnies ne peuvent guère la prévoir. Nous non plus, *a fortiori*.

Le client angoissé a aussi un horaire psychologique. Vous savez, ce fameux « prix psychologique » : 19,99 euros, qui passe mieux que 20 euros ? Eh bien pour les horaires, c'est pareil :

« CLIENT ANGOISSÉ : Qu'est-ce que vous avez comme TGV vers 17 heures ?

– MOI : Il y a un départ, à 16 h 54.

– CLIENT ANGOISSÉ : Et après ?

– MOI : Celui d'après, c'est le 17 h 49.

– CLIENT ANGOISSÉ : Ouais, mettez-moi le 17 h 49 s'il vous plaît. »

Il va donc prendre le train presque une heure plus tard qu'il le souhaitait, simplement parce qu'il a entendu 17 dans 17 h 49 ! On n'entend pas le 17 dans 16 h 54... Et ça, ça change tout !

Le client angoissé peut avoir des accès de paranoïa très mal venus. Un vendredi soir, à 18 h 15, un monsieur appelle :

« Bonsoir (voix angoissée), je suis au comptoir de la compagnie à Munich, j'étais dans l'avion, mais je suis descendu de l'appareil parce que j'ai cru voir à travers le hublot que l'on avait débarqué ma valise et maintenant la compagnie veut me faire payer 700 euros pour un nouveau billet parce que je suis déjà enregistré comme "parti". Vous pouvez m'aider ? » Pour l'anecdote, notez que, bien sûr, ce n'était pas sa valise qui avait été débarquée et je pense que 700 euros, pour avoir retardé un équipage entier, des hôtesses au sol, les autres passagers et enquiquiné son agence de voyages un vendredi soir avant la fermeture, au final, ce n'est pas si cher payé que ça ! Le bon agent a tout de même gentiment refait un billet, bien sûr, à charge pour le monsieur d'expliquer cette nouvelle facture à sa société...

L'angoissé nous demandera cent fois s'il n'y a pas de danger dans un pays étranger parce que... « On peut se promener en ville quand on est français, il n'y a pas trop... de vols ou d'agressions ? »

Il nous demandera cent fois s'il ne risque pas d'attraper la fièvre jaune... en Grèce !

Et souvent, très souvent, sa fin de phrase est ponctuée d'un « vous êtes sûre, hein ? » qu'on lui ferait bien avaler, à la longue !

Le client poisson rouge

Vous savez, on a l'habitude de dire que les poissons rouges ont une mémoire de quelques secondes seulement. Notre « poisson rouge » à nous est pareil. Toutes les semaines, il fait le même voyage, le même trajet en TGV, à la même heure. Lyon Saint-Exupéry-Paris aller-retour tous les jeudis, 7 h 13 le matin, retour par le 18 h 50. Immanquablement. Et tous les mercredis, il nous appelle et nous demande de lui redonner les horaires...

Le client poisson rouge est ce genre de personne qui oublie l'objet de son appel, ce qui donne lieu à de drôles de conversations :

« Julie, bonjour.

– Oui, bonjour Julie, je vous appelle car demain M. Machin doit prendre un TGV à 15 heures entre Lyon et Paris.

– Ah ? je vérifie, attendez... Mais le TGV de 15 heures ne circule pas, vous voulez celui de 16 heures ?

– Oui, oui, je sais que le 15 heures ne circule pas, il va y aller en voiture.

– Très bien... et que puis-je faire pour vous, alors ?

– Non, non, rien. »

Un blanc s'installe et le challenge consiste à raccrocher poliment, en donnant à cette cliente l'impression d'avoir reçu un service grâce à son appel.

« Julie, bonjour.

– Bonjour Julie, c'est Véronique, je voudrais les horaires d'un Roissy-Lyon Part-Dieu à partir de 17 heures pour demain. (Elle aussi appelle toutes les semaines pour connaître ces horaires-là, mais elle ne les a toujours pas mémorisés, ni notés, d'ailleurs...)

– Oui, donc, il y a toujours ce TGV de 17 h 01, arrivée Lyon à 19 h 01.

– Et celui d'après ?

– Le 18 h 01, arrivée 20 h 01 à Lyon ?

– Et le suivant ?

– Le suivant part à 19 h 01.

– ...

– Et il arrive à quelle heure à Lyon ? »

Misère...

À moi, cette suite d'horaires me paraissait logique, mais nous ne sommes pas égaux devant la logique... Patience, le maître mot de ce métier.

Le client « trente millions d'amis »

Celui-ci aussi, on l'adore !

Il emmène Max, son york, partout ! Notre défi : trouver un hôtel-club à l'étranger qui accepte Max (autant vous dire que nous allons en passer, des coups de fil !). Faire embarquer Max sur tous les vols et/ou lui faire des billets de TGV... Cela reste peu fréquent et un agent de voyages qui n'en a pas l'habitude va devoir fouiner un peu pour trouver les procédures à respecter. Cela prend un temps fou et cela fait partie des corvées du métier. Et quand on doit apprendre à son client qu'il ne va pas être possible d'emporter son ami fidèle. Ne reste plus qu'à le convaincre de trouver une toutou-sitter.

Aucun club de vacances n'accepte les animaux, comme la plupart des hôtels présentés dans les brochures. J'avais fini par dégoter pour le papa de Max un hôtel à Madère, victoire ! Il était simplement condamné à y passer ses vacances tous les ans...

Le client *last minute*

Lui, il pense qu'en passant à l'agence le vendredi soir, il va avoir des super-promos pour partir… le lendemain samedi !

Sauf que c'est une idée reçue. Il est rare de trouver de la disponibilité à certaines périodes… mais sa culture Internet et sa vision du voyage lui font penser qu'il trouvera forcément une bonne affaire. On fera les fonds de tiroir, on épluchera toutes les promos que nous avons reçues, et nous aurons beaucoup de mal à le convaincre que non vraiment, c'est bel et bien complet.

Parfois cela fonctionne, quand on joue, on peut aussi gagner. Mais réserver la veille pour le lendemain, cela reste du pile ou face.

L'une des caractéristiques du client *last minute* est qu'il semble n'avoir ni vie sociale, ni vie familiale ; pour lui, les horaires ne sont donc pas un problème… et les vôtres non plus ! On ferme à 18 h 30, il a la délicatesse de se présenter ou de téléphoner à 18 h 28 pour vous demander des devis sur des billets d'avion. Si c'est de surcroît un client trente millions d'amis, félicitations, vous avez gagné le gros lot !

En agence traditionnelle, avec pignon sur rue, on aura beau avoir baissé le rideau de fer depuis un quart d'heure, le temps de sortir la comptabilité de la journée, le client va vouloir entrer. C'est que n'étant pas équipé de frontales, on a laissé la lumière ! Il y a de la lumière, donc c'est ouvert.

Il tape au carreau, essaie même parfois de soulever le rideau de fer ! Poliment, je m'approche pour lui brailler que l'agence est fermée, mais il insiste : « C'est vite fait, il me faut juste un billet de train ! » J'ai sorti les arrêtés comptables, je suis ferme, je ne cède pas (du moins, rarement !). Si je crée un précédent, il reviendra ! Je lui explique que non, vraiment, tout est éteint, il faudra repasser demain. Excédé et capricieux, il criera un : « L'heure c'est l'heure, hein, vous êtes vraiment des fonctionnaires ! »

Le client *last minute* qui prévient est encore plus audacieux. Il appelle à l'agence à 18 heures pour demander à quelle heure on ferme.

« À 18 h 30, monsieur.

– Est-ce que vous pouvez m'attendre un peu, je suis dans les embouteillages, je serai chez vous vers moins le quart ! »

Cas de conscience... il est poli, il prévient. Mais là encore, c'est créer un précédent. Ma méthode c'est de dire oui, exceptionnellement. À la seconde reprise, ce sera non, j'ai un rendez-vous et, vraiment, je ne peux pas attendre. En général, il comprend tout seul et la troisième fois, il arrivera avant la fermeture.

Ceux qui ont des enfants

Ils sont tellement mignons...

Oui, parfois, ils attendent poliment et silencieusement que maman ait fini d'acheter ses billets d'avion et repartent tout aussi sagement faire le reste des courses en ville. Mais, ça, c'est dans un monde idéal.

En général, pour pouvoir parler tranquillement avec maman, je vais devoir faire preuve d'ingéniosité. Je n'ai pas mon BAFA, mais je vais leur demander de me faire un dessin, en attendant que maman ait fini. Pendant deux minutes et demie, nous aurons la paix. Mais il faudra être rapide avec maman.

Je me souviens d'un gamin odieux qui venait à l'agence quand je travaillais en région parisienne, Georges-James. Les parents de Georges-James lui parlaient en franglais (si, si, un bout de phrase en français, un bout de phrase en anglais...). C'était supposé donner l'impression que cet enfant était bilingue, je crois. Ils avaient semble-t-il décidé de ne pas le brimer et de le laisser s'exprimer. À l'agence, c'était cauchemardesque. Dessiner ? Il ne pensait qu'à saccager la feuille de papier que je venais de lui offrir, à jeter la boîte de crayons par terre. Puis de déchirer tous les posters de l'agence et de se faire quelques pages de brochures. Entre deux roulades de Georges-

James, j'arrivais à peine à parler avec sa maman, à très haute voix pour tenter de couvrir les hurlements du délicieux bambin. Un bonbon, s'il promet d'être sage trois minutes? Hélas, le chantage ne fonctionnait pas non plus. Le bonbon, il me l'a recraché sur le bureau en me défiant du regard, dans un grand filet de bave, heurk. Pendant ce temps, ni le papa ni la maman ne semblait juger nécessaire d'intervenir. Agent de voyages ET éducatrice spécialisée. Une casquette de plus à l'étendue déjà large de nos compétences!

Les clients rétro

Avec eux, certaines phrases sont à éviter, telles que : « Je vous envoie un mail, donnez-moi votre adresse. » Il y en a plus qu'on ne le croit.

Ce sont souvent nos clients « marchés publics », autrement dit les administrations, sur les plateaux d'affaires. C'est aussi l'assistante de direction qui a toujours été à ce poste et qui attend patiemment la retraite. C'est en général une clientèle courtoise mais un peu dépassée... Un peu âgée, un peu réfractaire au progrès, l'assistante de direction nous demande des « billets de voyages »... Un mail ? Même pas en rêve! Cela fait des années qu'elle résiste, qu'elle entretient son fax et son

Minitel avec amour. L'informaticien de l'entreprise lui a bien créé une adresse mail, mais on ne change pas comme ça des années d'habitudes.

L'autre avantage de cette clientèle, c'est qu'en plus d'être franchement adorable, elle ne nous casse pas les pieds parce qu'elle a vu moins cher sur tel ou tel site de voyages en ligne. Il nous faut juste faire preuve de patience et, le temps d'un fax, faire un petit saut dans le temps, expliquer que les billets d'avion cartonnés, cela n'existe plus depuis 2007, et qu'ils ont été remplacés par des billets « électroniques ». Un billet que l'on imprime sur l'imprimante du bureau, sur une feuille A4 toute banale. L'assistante rétro a bien une imprimante, mais comme elle est aussi un peu « cliente angoissée », elle a l'impression de se faire vendre du vent : un billet qui se présente sous une forme si peu officielle qu'elle peut l'imprimer elle-même, c'est suspect !

« C'est bizarre. Vous êtes sûre que s'il montre ce papier-là à la compagnie aérienne, cela sera suffisant, il n'aura pas de problème ? »

Oui, oui, gentille madame, j'en suis sûre !

Les clients fidèles... et les petites perles

Mais nombre de nos clients restent tout de même bien gentils et bien aimables. Ils nous connaissent bien, certains nous font une confiance aveugle et ne changeraient pour rien au monde leur façon de voyager. Ils nous rapportent même parfois un petit souvenir de leur dernière destination.

Dans ce lot de clients fidèles, on trouve toutefois également ceux qui, parce qu'ils ont payé un service (comprenez, encore et toujours, les frais d'agence), exigent de vous des prestations supplémentaires et vous rendent responsable du moindre accroc. Le client fidèle exigera aussi des réductions. Rien d'étonnant à cela, toutes les grandes enseignes nous ont habitués à utiliser des cartes de fidélité « récompensant », en quelque sorte, nos dépenses quotidiennes ; les « consommateurs » finissent par faire quelques amalgames et trouvent normal de pouvoir désigner un responsable, de réclamer.

J'ai appris à relativiser bon nombre de ces revendications, mais je ne résiste pas au plaisir de vous livrer quelques perles :

« Comment se fait-il que mes cartes postales postées à l'hôtel ne soient pas encore arrivées ? Vous êtes priés de me les rembourser, c'est honteux ! » (Sans commentaire.)

« Je n'ai pas profité du cocktail de bienvenue à mon arrivée, vous le remboursez ? » (Ne riez pas, cela arrive vraiment.)

« Il y avait un chewing-gum collé sur mon siège dans le TGV que j'ai pris hier, j'exige d'être remboursé ! » (Pas de chance, c'est cra-cra, en effet, mais... non ! je n'ai pas non plus mâché ce chewing-gum !)

« Une personne s'est assise à ma place côté hublot dans l'avion ! J'avais demandé le hublot, pourtant ! Je suis vraiment mécontente, je vous paie pour un service et je désire l'obtenir. » (Comme si j'y étais pour quelque chose ! N'aurait-il pas été plus simple de le dire à la personne en question ?)

« Vous n'offrez pas un sac de voyage ? Un stylo ? » (Il y a des gens, comme ça, qui cherchent toujours à grappiller quelque chose.)

« Comment ça, il n'y a plus de place disponible ? Débrouillez-vous, je dois prendre ce vol, vous êtes payée pour ça ! » (Qu'à cela ne tienne, je n'ai qu'à tuer un autre passager pour libérer une place.)

« Comment ça, 50 euros de frais de modification ? J'ai déjà payé mon billet 400 euros ! » (Eh oui, toujours ces pénalités, retenues par la compagnie aérienne elle-même, pas par l'agence. Même si le client était prévenu, il fera l'ignorant, et là, on reste ferme.)

« C'est vous qui vous occupez de faire renouveler mon passeport ? » (Ah, une autre casquette, me voilà agent de la préfecture de police, maintenant.)

« Je suis bloqué sur la route dans un embouteillage, vous pouvez retenir l'avion le temps que j'arrive ? » (Restez en ligne, j'appelle le pilote ! Parfois, il vaudrait mieux être sourd...)

« Je travaille chez Peugeot, je dois sûrement avoir droit à des réductions... » (Mais certainement, monsieur, pouvez-vous m'expliquer le rapport ?)

« Bonjour, vous faites les réservations de ticket de bus au Portugal ? » (Euh... non, quand même pas, là...)

« Et comment je fais pour aller de chez moi à l'aéroport ? Le taxi est compris dans le prix du voyage ? » (Absolument pas, mais on se fera une joie de le réserver pour vous et de vous appeler pour vous réveiller !)

« Je suis à l'hôtel et je n'arrive pas à ouvrir ma valise, j'ai oublié le code ! » (Un nouveau débouché professionnel, téléserrurier !)

« Comment ça, je dois rajouter le prix de mon taxi pour l'aéroport ? Avec ce qu'on a déjà payé, vous allez bien nous offrir le trajet ? » (Ah, ces taxis qu'il faut payer, c'est insensé !)

« C'est mon anniversaire, vous pourrez demander à l'hôtel d'organiser une soirée en offrant un gâteau ? » (Tout leur est dû !)

« Je réserve une voiture catégorie A [l'équivalent d'une Twingo], mais je voudrais un surclassement en catégorie C [l'équivalent d'une Golf]. » (Aucun problème, cher client, le surclassement vous coûtera donc 113 euros, et avec le sourire !)

« Vous me faites surclasser en classe affaires gratuitement, j'ai plein de points sur ma carte Air France. » (C'est chouette, les miles, pour se voir « offrir » des billets primes, des surclassements, une location de voiture... mais ça n'est pas en agence de voyages.)

« Avec tout ce que je vous achète, vous pouvez bien m'offrir un petit surclassement en classe affaires. » (Un petit cadeau à 1 973 euros, une bagatelle...)

« OK, je paye, mais seulement au retour, si je suis satisfait ! » (Bonne idée ! je vais faire pareil chez Auchan ce soir, je paierai après avoir mangé !)

« Vous allez bien nous trouver un petit billet pas cher... » (Nous n'avons que ça...)

« Vous faites les réductions chômeurs ? » (Et intermittents du spectacle, et familles nombreuses, et...)

« Et faites-moi un prix de guerre sur ce billet ! » (Il y en a qui font peur...)

« Vous vendez des places de pirogue au Brésil ? » (Ouiii... Tous les jours, avec les pagaies !)

« Il paraît qu'il y a des billets d'avion gratuits pour aller à New York ? » Je vous assure que j'ai entendu cette question plusieurs fois par jour après les attentats du 11 septembre 2001 ! Ça en dit long sur l'état d'esprit de certains...

« Vous faites LA promotion à 200 euros pour aller en Australie ? » (Ça existe ?)

« Comment ? Vous ne faites pas LA promotion à 200 euros pour l'Australie ? » (Non ! Allez donc dans l'agence qui la propose au lieu de me faire perdre mon temps !)

« Pour le prix qu'on paie, vous pourriez quand même nous offrir le voyage pour notre fils de quatre ans ! » (Qui va dormir par terre, ne pas manger de toute la semaine ni occuper de siège dans l'avion... Pauvre gosse...)

« Je suis à l'aéroport, j'ai acheté mon billet d'avion chez vous, pouvez-vous m'indiquer où sont les toilettes, s'il vous plaît. » (Je sais, là, vous ne me croyez plus... et pourtant...)

« Vous vendez des cartes téléphoniques pour appeler en Algérie ? » (Non, mais vous pouvez acheter un billet d'avion pour l'Algérie chez nous, et une fois là-bas, vous pourrez parler gratuitement à qui vous voudrez !)

Et j'en oublie... Mais je ne veux pas vous effrayer, j'arrête ici.

Et puis, bien sûr, il y a tous ces clients normaux, agréables, faciles, qui nous réconfortent d'avoir choisi ce métier... mais il aurait été beaucoup moins amusant de vous en parler !

NOUS ESPÉRONS QUE VOUS AVEZ EFFECTUÉ UN AGRÉABLE VOYAGE…

Résumons. Vous avez fait la connaissance de mes principaux clients, de quelques-uns de mes chefs, vous savez ce qu'est un éductour, vous savez que je ne serai pas ou peu augmentée, vous savez que contrairement à ce qu'on pense, je ne passe pas mon temps à voyager…

Et vous pensez toujours que c'est un métier glamour ?

Oui ?

Vous avez raison. Il est glamour de faire des éductours, même s'ils sont rares. Glamour de voyager, parce que, avec ou sans tarif agent de voyages, partir à des milliers de kilomètres est devenu pour vous un acte presque banal tandis que beaucoup de gens ne savent pas ce que c'est que partir en vacances. Glamour de susciter l'intérêt dans les soirées. Glamour d'avoir un peu de culture – et de savoir répondre à la rubrique géographie du Trivial poursuit ! Glamour de sympathiser avec les commerciaux, les clients...

Agent de voyages est un vrai joli métier. Qu'il ne faut pas idéaliser, c'est tout. Un métier avec ses avantages et ses inconvénients, comme beaucoup d'autres.

Mais c'est aussi un métier que nous sommes de plus en plus obligés de défendre, des compétences que, de plus en plus, nous devons vendre... Auprès de nos employeurs, pour commencer, que l'on ne devrait pas laisser nous dénigrer et nous sous-payer, au seul prétexte que nous sommes « dans le tourisme ». Vu de l'extérieur, notre métier n'inspire que de l'envie, semble tranquille, fait de privilèges et de facilités. Un métier frivole... L'envers du décor, ce sont des compétences complexes, c'est le professionnalisme qui est nécessaire pour gérer les clients, ce sont les responsabilités que l'on endosse en établissant un simple billet d'avion, les solutions à trouver quand il y a une grève, une catastrophe naturelle... Je suis arrivée à la conclusion qu'au fond, personne ne pense que c'est un VRAI métier.

Une profession qui change...

Depuis mes débuts en 2001, j'ai vu beaucoup d'évolutions dans les métiers du tourisme. À cette époque, les employeurs venaient nous chercher à la sortie de l'école, et manquaient de personnel. Les agences étaient en plein développement, et il fallait être qualifié, on ne pouvait pas s'improviser agent de voyages. Les professionnels du secteur recrutaient directement les gens les mieux formés, parfois même avant la fin de la formation.

Puis, il y a eu le 11-Septembre. Nous avons tous pris conscience de la fragilité de notre profession. Un seul événement qui empêchait soudain les gens de voyager, du jour au lendemain. Un seul événement qui pesait lourd sur l'activité touristique. Difficile de ce fait de faire des prévisions sur l'emploi et l'activité dans notre secteur. Un 11-Septembre, un tsunami, un nuage de cendres... et le chiffre d'affaires d'une année peut être réduit à néant, les emplois compromis. Et ces dix dernières années n'ont pas été avares d'événements et de catastrophes très déstabilisants. L'arrivée de « la crise » en 2008 a contraint les gens à moins voyager pour leur travail et à moins dépenser pour leurs loisirs et leurs vacances.

Alors, les compagnies aériennes ont décidé de supprimer les commissions aux agences de voyages. En effet, le tourisme en agence de voyages était le seul secteur d'activité qui se faisait rémunérer par ses fournisseurs, et non par ses clients. Aussi, les compagnies aériennes supprimant leurs commissions, les agences de voyages durent-elles mettre en place le système des frais d'agence pour pouvoir survivre et se rémunérer. Les clients virent soudain leurs factures augmenter, de nouveaux frais inconnus leur être imposés, fidélité ou pas. Certains continuèrent à s'adresser à leur agence, d'autres non.

On comprend bien pourquoi les clients renâclent devant les frais d'agence. Apparus depuis peu, ils ne sont pas encore installés, culturellement parlant, et semblent injustifiés à la plupart des gens. À l'inverse, le Net est une agence de voyages ouverte 24 heures sur 24, qui leur permet de faire des réservations de façon autonome et sans frais.

Faire des réservations ne suffit donc plus pour faire vivre une agence qui doit pouvoir proposer d'autres services, dont il a déjà été question. Vous avez eu un retard de TGV, vous aviez oublié votre carte d'abonnement ? Nous nous chargeons de récupérer pour vous le remboursement de ce que vous avez dû débourser en gare. Vous n'arrivez pas à joindre la SNCF par téléphone ? Il est vrai que vous payez des frais d'agence, mais chez nous il n'y a pas d'attente...

Pour l'avion, c'est pareil. Nous savons établir des billets complexes, organiser des tours du monde, trouver le billet le moins cher, nous assurons le service après-vente si vous êtes mécontent ou si votre bagage s'est perdu, nous réservons des navettes pour vous emmener à Roissy, une place de parking, achetons des devises étrangères, obtenons des tarifs négociés pour des hôtels, des restaurants, des salles de réunion... Nous nous occupons même de votre visa, désormais !

Que des petits plus. Mais il est vraisemblable qu'à terme, seules les agences qui les proposeront garderont leur place, peut-être même ne restera-t-il alors qu'une poignée de professionnels occupés à servir des VIP ou des gens aisés préférant payer pour des services dont ils n'auront pas à s'occuper. Oh, bien sûr, il faudra toujours un bon billettiste pour créer au meilleur prix un billet tour du monde, un circulaire aux USA... Ce qu'Internet ne sait pas faire... pour le moment, tout du moins.

… et un métier d'avenir ?

Il ne restera donc pas assez de place pour tous, et un certain professionnalisme et un savoir-faire semblent voués à disparaître, et il y aura davantage d'agents de voyages qualifiés sur le marché du travail que de places disponibles.

C'est pour toutes ces raisons que, contrairement là aussi aux idées reçues, je ne suis pas certaine quant à moi que le tourisme soit un métier d'avenir.

Même si les gens ont plus que jamais besoin de changer d'air. Les RTT et les petits budgets font désormais les beaux jours des courts séjours, des chambres d'hôtes…

En ce qui me concerne, ces dix dernières années ont été très riches. Riches de rencontres, avec des clients farfelus, désagréables ou attachants. Avec des fournisseurs, au cours de mes déplacements à l'étranger… Riches de voyages que je n'aurais probablement jamais faits, riches de moments amusants, de bons fous rires et d'amitiés.

Pourtant, je connais bien des agents de voyages qui sont aujourd'hui des ex-agents de voyages. Nous sommes nombreux à changer de métier en cours de route. Mon mari a renoncé et a préféré devenir banquier. Dès sa première embauche, il gagnait plus que chez notre employeur commun, malgré son ancienneté. Il y rencontre certes d'autres problèmes et ne s'amuse pas tous les jours au bureau, mais au moins, pour des responsabilités équivalentes, a-t-il la satisfaction de se sentir justement rémunéré et apprécié pour ce qu'il fait.

Pour ma part, ce métier m'a fatiguée. Avant d'être totalement blasée ou totalement aigrie, j'ai décidé de réfléchir à donner un nouveau tour à ma vie professionnelle, et j'ai effectué un bilan de compétences pour m'y aider. Quitte à m'occuper des autres, j'éprouve aujourd'hui le besoin de leur apporter de vraies réponses, autres que des horaires de train. Quitte à travailler au service des autres, j'aimerais aujourd'hui compter dans la vie de mes clients et ne pas seulement leur communiquer un tarif de billet d'avion. Quitte à m'investir dans un travail mal rémunéré, j'aspire à ce qu'il soit au moins reconnu par tous comme étant un métier difficile.

En attendant cela, une dernière anecdote pour conclure.

L'an passé, j'ai attrapé une grippe qui m'a clouée au lit pendant trois jours. À mon grand étonnement, une copine, agent de voyages elle aussi, mais dans une agence concurrente, m'a envoyé un texto pour prendre de mes nouvelles... Comment pouvait-elle savoir que j'étais malade ?

À mon retour au bureau, j'ai eu le fin mot de l'affaire : le commercial de British Airways était passé à l'agence pendant mon absence... Et voilà par où l'info était passée !

Là, plus aucun doute, je fais vraiment partie du monde merveilleux des agents de voyages !

Achevé d'imprimer en octobre 2011
sur les presses de la Nouvelle Imprimerie Laballery
58500 Clamecy
Dépôt légal : octobre 2011
Numéro d'impression : 110050
4260011/01

Imprimé en France

La Nouvelle Imprimerie Laballery est titulaire de la marque Imprim'Vert®